VERDEN

INCHIESTE

Carlo Vulpio
La città delle nuvole
Viaggio nel territorio più inquinato d'Europa

Tutte le edizioni e ristampe di questo libro sono su carta riciclata 100%

Finito di stampare nel mese di aprile 2009
presso Genesi Gruppo Editoriale – Città di Castello (Pg)

I nomi dei minori e dei loro genitori, protagonisti delle storie raccontate in questo libro, sono stati sostituiti con nomi di fantasia per non rendere riconoscibili i minori stessi.

CARLO VULPIO

LA CITTÀ DELLE NUVOLE

Viaggio nel territorio più inquinato d'Europa

Edizioni Ambiente

Ai bambini di Taranto

Vanno
vengono
ogni tanto si fermano
e quando si fermano
sono nere come il corvo
sembra che ti guardano
con malocchio.
Certe volte sono bianche
e corrono
e prendono la forma dell'airone
o della pecora
o di qualche altra bestia
ma questo lo vedono meglio i bambini
che giocano a corrergli dietro
per tanti metri.
Certe volte ti avvisano con rumore
prima di arrivare
e la terra si trema
e gli animali si stanno zitti.
Vanno
vengono
ritornano
e magari si fermano tanti giorni
che non vedi più il sole e le stelle
e ti sembra di non conoscere più
il posto dove stai.
Vanno
vengono
per una vera
mille sono finte
e si mettono lì tra noi e il cielo
per lasciarci soltanto
una voglia di pioggia.

Fabrizio De Andrè, *Le nuvole*, 1990

INDICE

PRIMUM VIVERE

I morti non possono andare a lavorare. E nemmeno chi è ammalato può lavorare. Però il lavoro è sacro, il lavoro è tutto, chi non lavora non mangia, a stare senza lavoro si perde anche la dignità. E dunque per un lavoro si può fare tutto. Si può anche giungere al paradosso di perdere quella dignità credendo di conservarla. Perderla sotto i colpi di una qualunque malattia mortale contratta a causa del lavoro, mentre ci si tiene stretto il posto di lavoro. Un'illusione. Quel posto di lavoro, il lavoratore lo perderà lo stesso, quando si ammalerà e non ce la farà più a lavorare.

Quante volte lo sentiamo ripetere, con compiaciuta amplificazione del concetto da parte dei mass media: mangiare oggi, questa è la cosa più importante, domani è un altro giorno, e prima bisogna pensare a sopravvivere fino a domani. Giusto, no? Invece è sbagliato. Se ti ammali e viaggi verso la morte, assieme al posto di lavoro perdi anche la speranza di fare un altro lavoro o anche solo di sopravvivere in un altro modo.

Estremizziamo il concetto. Un'altra obiezione ricorrente è questa: «Se non lavoro cosa faccio, vado a rubare?». Una domanda drammatica. Ebbene, è così difficile capire che a chi si ammala o a chi sta per morire viene negata persino la possibilità di rubare, qualora questa fosse l'unica strada per sopravvivere?

La verità, dunque, è che puoi "sopravvivere" davvero solo se sei vivo. Se hai una malattia incurabile, anche la sopravvivenza diventa un'altra cosa e assume un altro colore.

Ma un voto alle elezioni per un posto di lavoro, o la riconoscenza infinita e illimitata nei confronti di chi può garantirti una paga sicura a fine mese tutti i mesi, non sono – così sembrava – l'ultimo stadio del ricatto da lavoro in questa nostra «Repubblica democratica fondata sul lavoro», come da articolo 1 della Costituzione italiana del 1948.

Sessant'anni dopo, abbiamo fatto una scoperta inimmaginabile sia per i padri costituenti, sia per noi stessi, uomini e donne del tecnologico XXI secolo. Abbiamo scoperto che si può dire alla gente, senza che la gente lo trovi anormale o immorale, che per lavorare bisogna essere disposti anche a morire, magari un po' per volta, un tanto al giorno, per rendere più accettabile un destino ineluttabile.

I polmoni, il fegato, l'intestino, il cuore. Non ha importanza. È doloroso, certo, ma non ha alcuna importanza qual è l'organo del corpo umano che si ammala e porta alla malora tutto il resto, quando è in gioco il destino della fabbrica, il Corpo dei corpi, la fonte del lavoro, del guadagno, della vita.

È per la vita, dunque, che si può anche morire. Paradosso infelice, eppure ripetuto e sostenuto per decenni da tutti. Imprese, politici, sindacati.

Un paradosso feroce, che pian piano ha fatto considerare, se non accettabile, inevitabile quel bilancio di guerra che è l'elenco delle centinaia di migliaia di persone morte "sul" lavoro.

Un paradosso crudele, che pian piano ha fatto considerare, se non accettabile, inevitabile anche quell'altro bilancio di guerra che è l'elenco delle centinaia di migliaia di persone che sono morte e che continuano a morire "di" lavoro, per qualche malattia contratta anni prima e manifestatasi anni dopo, magari proprio quando stavano per andare in pensione e si preparavano a godersi un po' la vita.

Ma c'è un posto, una città italiana al centro del Mediterraneo, in cui a tutto questo si è aggiunto qualcos'altro. Qualcosa di molto particolare. Una specie di miracolo, che non ha eguali nel resto del mondo industriale occidentale.

A Taranto si è oltrepassato ogni paradosso e si è rovesciata ogni logica, perché Taranto è la città nella quale anche i morti vanno a lavorare. Morti che camminano, come vengono chiamati gli abitanti del popoloso quartiere Tamburi, letteralmente attaccato al centro siderurgico più grande d'Europa, ma pur sempre morti. Alcuni uccisi dai fumi della fabbrica in cui lavorano, molti altri uccisi perché "fumatori passivi" di quei miasmi che respirano quando aprono le finestre o passeggiano per strada. Tutti però ugualmente uccisi pian piano, senza troppo clamore, consumati come candele. Tutti ugualmente consapevoli di essere dei morti che sono ancora vivi solo perché stanno ancora in piedi.

È vero, la colpa non è soltanto dell'acciaieria. Il polo industriale di Taranto ha cementifici e raffinerie che in altri Paesi sarebbero fuori legge. Ma anche quell'acciaieria grande quasi quanto la città, che ha duecentodiecimila abitanti, in altri Paesi sarebbe fuori legge. Perché quell'acciaieria, dal 1961, quando si chiamava Italsider ed era un pezzo pregiato dell'industria di

Stato, ha regalato a Taranto tanti posti di lavoro, ma anche tanti veleni e tanti lutti.

Si dirà che questa è la storia della civiltà industriale, e che non c'è niente di nuovo sotto il sole. Invece no. Sotto il sole di Taranto, negli ultimi cinquant'anni, qualcosa di nuovo, purtroppo, c'è stato. Soltanto che nessuno lo ha visto. O nessuno ha voluto vederlo.

Le nuvole di fumo le vedevano tutti. Ma nessuno sapeva che cosa c'era dentro. A capire che cosa fosse il biossido di carbonio ci arrivava anche il più sprovveduto di elementari nozioni di chimica. Non arrivava però a decifrare il benzoapirene e gli idrocarburi policiclici aromatici. E nemmeno tutto il resto, mercurio, arsenico, piombo, policlorobifenili, benzene. Li sentiva ostili, aggressivi fin dai nomi, ma niente di più.

E allora si chiudevano gli occhi e si tirava a campare, anche per sfuggire all'angoscia. E si cercava di persuadere se stessi che il prezzo da pagare per il lavoro era, ed è, a Taranto, questa forzata convivenza (anche se sarebbe più appropriato dire, se si potesse, con-morienza) con la chimica e la medicina. Con la tabella degli elementi e le diagnosi dei medici.

Un giorno, però, qualcuno ha cominciato a guardare il cielo con una maggiore curiosità, poi con un più forte sospetto, infine con rabbia. Le nuvole non erano mai state tutte uguali come sembravano adesso, ecco qual era la novità sotto il sole di Taranto. Perché dentro quelle nuvole di cui nessuno si era mai accorto, o che nessuno aveva mai voluto vedere, si annidava un nemico che fa paura solo a nominarlo: la diossina.

È facile capire che cosa abbiano provocato a Taranto, che produce circa il 92 per cento di tutta la diossina italiana, quarantotto anni di diossina. Ed è facile immaginare che cosa ci aspetti, considerato che gli effetti del disastro non sono ancora completamente visibili, poiché la diossina è subdola e si trasmette in eredità ai figli.

La presenza massiccia di diossina è stata scoperta quasi per caso, grazie ai soliti pochi che non si arrendono mai, soltanto nel 2005. Fino a quel momento, la storia di Taranto e delle sue nuvole, anche quando non si parlava ancora di diossina, è stata una storia truccata. Una storia di massicce emissioni e di gigantesche omissioni, in cui per decenni i soggetti della scena pubblica si sono coperti le spalle l'un l'altro, affinché non venissero fuori le verità semplici e allarmanti che stavano ipotecando la vita di un'intera popolazione.

Non erano dunque il traffico automobilistico e le altre fonti di inquinamento civile, con il loro 7 per cento di emissioni sul totale, il problema principale di Taranto, ma le emissioni industriali, che la ammorbano per il 93 per cento e ne fanno la città più inquinata di tutta l'Europa occidentale. Per quantità e "qualità" di emissioni industriali, soltanto la rumena Copsa Miça, una piccola città della Transilvania, supera Taranto. Ma *Taras*, la bella colonia della Magna Grecia, grazie alla sua enorme quantità di diossina, può mantenere il primato anche nell'ex Europa dell'Est.

Da quando la diossina si è fatta riconoscere, e ha fatto irruzione nel discorso pubblico, nulla è stato più come prima. Certo, ci sono anche le altre sostanze cancerogene e teratogene per le quali Taranto non da oggi sa di essere in cima alle classifiche europee e, in alcuni casi, anche mondiali. Ma forse, senza la diossina, il dogma del lavoro, prima di tutto e a tutti i costi, e il ricatto del posto di lavoro in cambio del sacrificio di sé avrebbero resistito, com'è accaduto altrove. Con la diossina invece, e con i danni irreversibili per la salute trasmessi geneticamente ai figli, anche quel dogma e quel ricatto, nonostante l'imperativo del *primum vivere*, sono crollati. E non poteva essere altrimenti. Perché prima di tutto, anche per poter lavorare, è necessario, appunto, "vivere".

DIOSSINA SULLA VIA APPIA

TRE VOLTE SEVESO

Non cominceremo dai grandi numeri della grande fabbrica. Dai dodici milioni di tonnellate di acciaio prodotte ogni anno e dai tredicimila dipendenti del centro siderurgico Ilva, il più grande d'Europa.

Racconteremo una storia all'incontrario, che metta al primo posto ciò che finora al primo posto non è stato messo mai.

Cominceremo dalla salute. Nemmeno dall'ambiente, che Dio ce lo conservi, ma proprio dalla salute. Cosa respirano, cosa mangiano, cosa bevono e come vivono gli uomini, le donne, i bambini, gli anziani di Taranto, la città più inquinata d'Europa per emissioni industriali.

Per una volta, cominciamo da qui.

Perché è già troppo tardi. Perché non si può più accettare che il fatto stesso di trattare questi argomenti venga considerato allarmismo. Perché chi liquida questi discorsi come passatisti e antindustrialisti è semplicemente in malafede.

A Taranto, ognuno dei duecentodiecimila abitanti, ogni anno, respira 2,7 tonnellate di ossido di carbonio e 57,7 tonnellate di anidride carbonica. Gli ultimi dati stimati dall'Ines, l'Inventario nazionale delle emissioni e loro sorgenti, sono spietati. Taranto è come la cinese Linfen, chiamata «Toxic Linfen», e la romena Copsa Miça, le città più inquinate del mondo per le emissioni industriali.

Ma a Taranto c'è qualcosa di più subdolo. A Taranto c'è la diossina. Qui si produce il 92 per cento della diossina italiana e l'8,8 per cento di quella europea. Qui, negli ultimi dieci anni, i tumori sono aumentati del 30 per cento.

La diossina si accumula nel tempo e a Taranto ce n'è per quasi 9 chili, il triplo di Seveso, la città alle porte di Milano contaminata dalla fuga di una nube tossica dallo stabilimento Icmesa, il 10 luglio 1976.

Dopo quell'incidente, dal 1982 in Europa è in vigore la «direttiva Seveso», che impone agli Stati membri dell'Unione Europea di identificare i siti industriali a rischio, come quelli in cui sostanze pericolose potrebbero causare incidenti rilevanti, e di osservare una politica comune di prevenzione e controllo.

Taranto come tre Seveso, dunque. Con un'aggravante. Assieme alla diossina, la tetraclorodibenzodiossina, meglio nota come «diossina Seveso», a Taranto ci sono altre cinque sostanze cancerogene e teratogene a livelli altissimi – benzoapirene, policlorobifenili, mercurio, arsenico, piombo, benzene e idrocarburi policiclici aromatici –, che colpiscono la città come altrettante piaghe bibliche. Tutta roba industriale, ma non della sola acciaieria. Ci sono anche il cementificio Cementir, la raffineria Eni e l'inceneritore della vicina Massafra.

I dati Ines spaventano. Ma i limiti legali di emissione della diossina terrorizzano. È questo il cuore del problema, i limiti di legge. Il limite europeo è di 0,4 nanogrammi (un miliardesimo di grammo) per metro cubo. Quello italiano, di 100 nanogrammi.

«Un vestito su misura per l'Ilva di Emilio Riva», dicono tutti quelli che non vogliono più nascondersi dietro un dito, non solo le associazioni ambientaliste. «Siamo in regola e abbiamo anche investito 450 milioni di euro per migliorare gli impianti», replica l'Ilva.

A questo investimento però, che tra l'altro non è documentato ufficialmente da nessuna parte, sono in molti a non credere. Aldo Pugliese, per esempio, sindacalista della Uil, dice: «L'Ilva non sta investendo questi soldi per abbattere l'inquinamento, ma per ricostruire da zero l'altoforno numero 4».

Il siderurgico di Taranto produce e vende acciaio come non mai, soprattutto a due giganti come la Cina e l'India, e le stime dicono che la produzione crescerà ancora. Nel 2007, l'Ilva ha realizzato utili per 878 milioni, 182 milioni in più dell'anno prima e il doppio del 2005. Eppure c'è stato anche chi, come l'europarlamentare Marcello Vernola (Pdl), ha chiesto per l'Ilva un «aiutino» pubblico con una nota ufficiale nel giugno del 2008. Poiché l'Italia deve pagare all'Unione Europea una sanzione di 500 milioni di euro per la violazione dei limiti delle emissioni industriali, dice Vernola, forse sarebbe più conveniente dare quei soldi all'Ilva sotto forma di incentivo per consentirle di mettersi in regola e di abbattere l'inquinamento.

Un ragionamento geniale. Cioè, l'Ilva inquina e a pagare la sanzione prevista dobbiamo essere tutti noi. Però, affinché non inquini più, dovremmo aiutarla, sempre con i nostri soldi, a migliorare gli impianti. Dice Aldo Pugliese: «Chi inquina, paga, punto e basta. Le norme europee sono chiarissime. Quindi, se è giusto che lo Stato italiano si rivalga sulla Regione Puglia per l'inquinamento prodotto a Taranto, è ancora più giusto che la Regione Puglia si rivalga sull'Ilva».

L'Europa è dal 1996 che ha fissato il limite a 0,4 nanogrammi. L'Inghilterra, per esempio, si è adeguata. E la Germania ha fatto ancora meglio: 0,1 nanogrammi, lo stesso limite previsto per gli inceneritori.

In Italia, invece, in tutti questi anni si è andati avanti a colpi di "atti d'intesa", che sono come le chiacchiere, non servono a nulla. E infatti mai nulla hanno prodotto. Il 29 febbraio 2004, per esempio, l'allora presidente della giunta regionale di Puglia, Raffaele Fitto, e uno dei figli di Emilio Riva, Claudio, ne firmano uno per ridurre l'impatto ambientale dell'Ilva. La diossina c'era già da un pezzo, ma nel protocollo nemmeno un rigo che ne prevedesse il monitoraggio. Solo il generico impegno di controllare la cokeria e gli impianti di agglomerazione (dove vengono mescolati minerale di ferro, carboncoke e calce in polvere). Il 7 luglio 2006, un anno e tre mesi dopo la presentazione del dossier delle associazioni Taranto Viva e Peacelink sulle percentuali altissime di diossina, ecco la "cabina di regia" e il protocollo d'intesa tra il nuovo presidente della Regione Puglia, Nichi Vendola, i sindacati, gli imprenditori, il ministero delle Attività produttive e, per l'Ilva, l'altro figlio di Emilio Riva, Felice.

I risultati sono davvero scarsi. La «campagna di ambientalizzazione», per esempio, è andata a rilento e l'Ilva ha fatto di tutto per concluderla nel 2014, proprio quando scadrà il Protocollo di Aarhus, recepito anche dall'Italia, che impone ai

Paesi membri di adottare «le migliori tecnologie disponibili» per portare le emissioni a 0,4-0,2 nanogrammi. Scaduto l'accordo di Aarhus, scadrebbe anche l'obbligo di dotarsi delle migliori tecnologie. E si ricomincerebbe da capo. Come nel gioco dell'oca.

LE PECORE E GLI UOMINI

Autunno 2008. La masseria di Angelo Fornaro è a Statte, in contrada Carmine, una decina di chilometri da Taranto. Te la ritrovi davanti quasi all'improvviso, quando hai finito di attraversare uliveti fitti come pinete e solo dopo esserti addentrato in un dedalo di viuzze sterrate. È una masseria molto bella, dell'Ottocento, e sopravvive in un posto bellissimo, dove l'estate dura quattro mesi e la primavera sei. E dove le pecore sono felici, perché l'erba è verde e abbondante.

Ma questa sarà l'ultima volta che quelle pecore, cinquecento, l'intero allevamento dei Fornaro, andranno al pascolo con tanta tranquillità. Tra qualche giorno, in questo autunno del 2008, saranno abbattute e non perché le porteranno al macello com'è nel loro destino, ma perché sono contaminate.

«Contaminazione da diossina», dice la deliberazione della giunta regionale di Puglia, che ha deciso l'abbattimento di ben milleduecento animali, distribuiti in sette allevamenti.

Le sette masserie "maledette" sono tutte qui vicino, intorno a Statte. Distano dall'Ilva, la più grande acciaieria d'Europa, non più di un paio di chilometri e ne respirano i miasmi. La masseria di Angelo Fornaro ha l'Ilva proprio di fronte, a un chilometro in linea d'aria. "Quale" aria, lo si capisce dalle colonne di fumo che legano le nuvole alle ciminiere. «È sempre così da quarantacinque anni» dice Fornaro.

Tutta l'area «ricadente in un raggio di almeno dieci chilometri dal polo industriale», è scritto nel provvedimento di abbattimento delle pecore, è fortemente sospettata di contaminazione.

Dopo i primi risultati positivi, però, i controlli si sono improvvisamente fermati. Perché?

«Hanno paura di scoprire il disastro», dicono Angelo Fornaro e i suoi figli, Vincenzo e Vittorio. Padre e figli lavorano assieme. Grazie alla masseria campano tre famiglie. Anzi, sette, perché ci sono anche quattro famiglie rumene, «tutte rigorosamente in regola», che lavorano con i Fornaro e vivono nella masseria. Sette famiglie, per una forza lavoro complessiva di una ventina di persone. Posti di lavoro che non sono dell'Ilva o delle altre industrie, ma che tuttavia mai nessuno considera nel calcolo dei «posti di lavoro a rischio» quando si parla di ambiente e salute.

I milleduecento animali sono risultati indenni da malattie infettive, certo, ma qui non si parla di brucellosi. Qui si parla di diossina. E la diossina è un'altra cosa. Nell'aria di Taranto ne finiscono circa 200 grammi l'anno, una quantità enorme. E poiché la diossina si "accumula", come abbiamo già detto, a Taranto in quasi mezzo secolo se n'è accumulata per 9 chili. Il triplo di Seveso.

La morte per diossina però è una morte "inedita" per gli animali. E infatti le norme sanitarie italiane prevedono risarcimenti soltanto per i focolai di alcune malattie infettive.

Sette allevamenti azzerati, e la paura di scoprirne altri nelle stesse condizioni, sono la prova di un'emergenza reale e gravissima. Che nemmeno un'informazione più mansueta delle pecore dei Fornaro riesce a tenere a bada, nascondendola tra il solito delitto insoluto e la reiterazione di finte schermaglie tra i pupi e i pupari della politica.

Questa della contaminazione delle carni che mangiamo è una cosa seria. E richiede una qualche forma rapida di intervento. Ecco dunque che il caso "esplode" quando la Regione Puglia, per dare una risposta immediata agli allevatori, decide di risarcirli. Per le milleduecento pecore e capre da abbattere viene approvato un risarcimento di 160 mila euro, incluse le spese di smaltimento delle carcasse degli animali, 60 euro circa, che vengono classificate come rifiuti speciali.

«Da oggi sappiamo che una pecora o una capra contaminata dalla diossina "vale" 133 euro lordi, a cui vanno sottratti 65 euro per le spese di smaltimento», commenta con amarezza Vincenzo Fornaro nel giorno in cui gli notificano il provvedimento. Le cinquecento pecore della sua masseria condannate a morte saranno liquidate con 66 mila euro. Una miseria. Ma anche una somma dieci volte più grande non risolverebbe il problema.

Angelo Fornaro ha quasi settant'anni. Quando vado a trovarlo ha gli occhi lucidi. «L'acciaieria l'ho vista nascere» dice «ero un ragazzino. Ci portò via 100 ettari di terra, oliveti e vigneti, e la odiai subito. Ma oggi la odio con tutte le mie forze perché ha avvelenato la mia terra, i miei animali, la mia anima».

Non vuole dirlo, Fornaro, ma il suo timore profondo, nascosto, è che abbia avvelenato anche il suo corpo e non solo il suo, e che anche agli uomini possa toccare la stessa fine delle bestie. Le sue sono anche parole di rabbia. «Siamo stufi di essere sempre noi, i piccoli, a pagare. Invece a pagare dev'essere qualcuna di queste tre industrie qua intorno, che sia l'Ilva, l'Eni, la Cementir o tutte e tre insieme. Loro, non noi hanno avvelenato uomini e bestie. Adesso stanno anche nascendo gli agnellini, e questo vuol dire che quando verranno ad abbattere arriveremo a 650-700 animali.»

Angelo Fornaro e i suoi figli ce l'hanno anche con la politica e con i politici, di destra, di centro e di sinistra. Hanno scritto a tutti, in questi ultimi anni, hanno implorato l'attenzione di tutti, ma nessuno li ha degnati nemmeno di una risposta di circostanza. Salvo poi scrivere e telefonare quando è scoppiato lo scandalo della strage programmata di pecore e capre contaminate.

«Ai politici non frega niente della nostra situazione» dicono i Fornaro. «Sanno soltanto dire che Taranto non può fare a meno dell'industria perché l'industria dà lavoro. È vero. Ma noialtri che non lavoriamo nell'industria cosa siamo? Noi che viviamo di agricoltura e di allevamento siamo forse lavoratori di serie B? I politici, ma anche la gente comune, schiava del ricatto occupazionale, sottovalutano il fatto che questa città non ha solo un gravissimo problema di tutela ambientale, ma un enorme problema di tutela della salute di chi ci abita. Ma poi, diciamo anche un'altra cosa: tutti sanno benissimo che se l'Ilva fosse smantellata ci vorrebbero cinquant'anni per bonificare i terreni, e questo significherebbe lavoro per tutti i tarantini, no?»

Non è una banalità dal punto di vista occupazionale ed economico. Risanare mette in moto l'economia. Nell'ambiente come in altri settori. Prendiamo l'edilizia, per esempio. Con tutto lo scempio abusivo che s'è fatto in Italia, quanta occupazione in più vi sarebbe, di quanto crescerebbe il prodotto interno lordo, questo totem dell'economia, se si istituisse un ministero per le Demolizioni e il Risanamento che spazzasse via i mostri di cemento grandi e piccoli, noti e meno noti, che hanno sfregiato il nostro Paese?

E invece, a essere abbattuti non sono gli orrori dell'uomo, ma le creature della natura. A essere abbattuti sono quelle pecore e quegli agnelli delle sette masserie di Statte colpite dalla maledizione della diossina. Cioè proprio quegli animali che dovremmo ringraziare, perché sono stati loro ad "avvisare" gli esseri umani, come accade quando sta per scoppiare un temporale o sta per scatenarsi un terremoto.

Ma gli umani già contaminati non si possono abbattere come le pecore. E non c'è risarcimento che possa eliminare il rischio concreto della trasmissione della contaminazione per via genetica. Dice Angelo Fornaro: «Se servisse a salvare Taranto, scanneremmo tutti i nostri animali senza chiedere un soldo. Ma la verità è un'altra: l'unica cosa da abbattere qui sono le emissioni di quella maledetta diossina».

Qualche giorno dopo l'improvvisa notorietà abbattutasi sui Fornaro – questa, almeno, incruenta –, sui tetti della masseria è stato installato un "deposimetro" per misurare gli inquinanti. Nessuna sorpresa. I risultati non hanno smentito l'angosciante realtà.

E così, ancora una volta, dopo avere inutilmente raccontato negli anni precedenti il loro dramma ai politici indigeni – con lettere inviate ad Adriana Poli Bortone (Alleanza Nazionale),

Nichi Vendola (Rifondazione Comunista), Raffaele Fitto e Domenico Franzoso (Forza Italia) –, la famiglia Fornaro riprende carta a penna e scrive al ministro per i Rapporti con le regioni, Raffaele Fitto.

Nella loro lettera aperta, i Fornaro sono chiarissimi: «Vediamo un governo che prima contesta la realtà del problema relativizzando i dati raccolti dall'Agenzia regionale di protezione ambientale, poi si eclissa completamente, e oggi, usando il pretesto della crisi economica, permette di porre in secondo piano la vita, la salute, il futuro e paradossalmente il lavoro, proprio quel lavoro che ci si vanta di preservare».

A raccogliere l'appello dei Fornaro è Maria Antonietta Coscioni, deputata radicale e presidente dell'associazione intitolata al marito, Luca Coscioni. Ne viene fuori un'interrogazione firmata anche da altri cinque parlamentari e rivolta al ministro del Lavoro, della salute e delle politiche sociali, Maurizio Sacconi, al ministro dell'Ambiente e della tutela del territorio e del mare, Stefania Prestigiacomo, e al ministro per i Rapporti con le regioni, Raffaele Fitto.

L'interrogazione, che rimarrà senza risposta, viene presentata il 15 gennaio 2009, un mese prima del terzo anniversario della morte di Luca Coscioni e mentre infuriano ancora le polemiche su Eluana Englaro, morta dopo diciassette anni di non-vita. Ma c'è anche un'altra ragione molto attuale che spinge Maria Antonietta Coscioni a portare in Parlamento il dramma delle pecore e delle persone di Taranto proprio ora. Ed è la ratifica da parte dell'Italia della Convenzione delle Nazioni Unite sui diritti delle persone con disabilità, una convenzione che mette al primo posto la dignità degli esseri umani.

Cosa c'entra questo con Taranto? C'entra. Perché Luca Coscioni è morto per una malattia neurologico-degenerativa incurabile, la sclerosi laterale amiotrofica, che è una di quelle malattie a cui non sono estranee, sostengono medici e scienziati, le cause di contaminazione ambientale di cui ci stiamo occupando, e che naturalmente non riguardano solo Taranto e solo la diossina.

Come non riguardano solo Luca Coscioni le parole che lo scrittore portoghese José Saramago, premio Nobel, dedicò a lui e al suo dramma: «La sua arma è la ragione, il suo unico obiettivo la difesa della dignità umana».

KAPUTT

La giornata è piuttosto fredda e il cielo è coperto, ma questa volta le nuvole sono naturali. Arrivano in fila: due volanti e due furgoni della polizia, due camion per il trasporto del bestiame, le auto dei veterinari e degli ispettori sanitari, quelle dei giornalisti. Sembra un corteo funebre. E in effetti lo è, perché ciò che accadrà dopo, il rastrellamento di pecore e agnelli e la loro deportazione nei mattatoi più vicini, evocherà scenari di morte. I più svelti sono i cineoperatori. Microfoni e telecamere per documentare tutto di questa giornata nera, per fissare i volti di Vincenzo e Vittorio Fornaro e per ascoltare il loro papà Angelo, che invece nasconde il volto e gli occhi rossi dietro le lenti scure di un vecchio paio di Ray-Ban. Il clima è teso, nervoso, pesante.

«Perché siete venuti con tutta questa polizia?» dice Vincenzo Fornaro all'ispettore sanitario che guida il drappello di quattro veterinari in camice bianco. «Vi abbiamo sempre accolto bene, qui. Pensavate che ci saremmo fatti trovare con i bastoni? Vedete facinorosi appostati dietro i muretti? Questa mancanza di rispetto potevate evitarla. Noi siamo le vittime. Non è per noi che dovevate scomodare la polizia.»

Sul muro di uno dei locali della masseria è stato affisso un lenzuolo bianco con una scritta di vernice rossa spruzzata da una bomboletta spray. Dice: «Vergogna! Punite le vittime e salvate i carnefici». Le telecamere inquadrano il lenzuolo. L'ispettore sanitario e un poliziotto in borghese chiedono di sapere chi lo ha messo lì. «Lo abbiamo messo noi» rispondono i Fornaro «per ribadire il concetto che a pagare sono le vittime, mentre le industrie che hanno avvelenato pascoli e bestie continuano a lavorare indisturbate».

È vero, la diossina è dentro alle carni di queste pecore. Ma alle pecore, attraverso la contaminazione dell'erba, l'ha regalata l'industria. Il 98 per cento della diossina, infatti, si assorbe per via alimentare, soltanto il 2 per cento per via respiratoria. Una cosa che lo zelante ispettore sanitario sa bene. Ma che non gli impedisce di chiedere con insistenza la rimozione del lenzuolo di protesta. «Ma scusi, ispettore» gli rispondono «secondo lei, dopo che si è permesso di inquinare oltre ogni limite questo territorio, lo scandalo sarebbe quella frase di accusa?».

Quanta ipocrisia, in questa giornata fredda e nuvolosa. Quanta finta compunzione nell'eseguire questo rastrellamento di animali contaminati dai veleni industriali e portati via come i lebbrosi dai monatti. Cos'è che dà fastidio? La presenza delle telecamere. I Fornaro subiscono lo smantellamento di un'azienda centenaria e questi qui si preoccupano del fatto che restino tracce filmate di una giornata che segna la sconfitta di tutti, delle istituzioni e della società. L'ispettore sanitario insiste. Vuol mandare via i giornalisti e far spegnere le telecamere. Farfuglia motivazioni inesistenti, parla di intralcio alle operazioni e addirittura di pericolo per l'incolumità dei presenti. È troppo anche per il patriarca, Angelo Fornaro, che finora era stato zitto.

«Ma di quale pericolo parla, dottore?» dice Angelo, e tutti si ammutoliscono. «E poi, come si permette di dare ordini in casa mia e di decidere chi deve entrarci e chi no? Le pecore da questo momento sono vostre, ma l'ovile è mio, questa è casa mia, e ci faccio entrare chi voglio. È chiaro?» Si avvicinano i poliziotti, anche loro balbettano di pericolo e di ragioni di sicurezza. Il patriarca si irrigidisce in una postura autoritaria e li guarda dall'alto in basso. Pronuncia due frasi soltanto e risolve la questione: «Sono pecore, non lupi! Mi dite che cosa c'è di pericoloso?».

Le pecore, le capre e gli agnelli hanno capito che questa è una giornata particolare. Tremano di paura. Non è la solita selezione periodica dei capi da macellare. Oggi li stanno portando via tutti. Aperto l'ovile, le pecore vengono separate dagli agnelli. Ma nella masseria si sente un unico belato. Sono molti gli animali che non vogliono salire sui camion, devono afferrarli per la lana, all'altezza del collo, e trascinarli dentro.

Non è vero, mi dico, ciò che pensiamo delle pecore. Non bisogna credere a quel che si dice di loro, e cioè che basta che una pecora vada in una direzione perché tutte le altre la seguano senza un motivo. Questo è un luogo comune, che diffama le pecore e ne intacca la reputazione. Invece queste pecore oppongono una dignitosa resistenza agli uomini che le stanno rastrellando.

Quando i camion si riempiono, da dietro le sbarre si vedono solo centinaia di occhi che guardano fuori. Poi i carri bestiame si allontanano piano piano. Ma la targhetta con la scritta "Trasporto animali vivi", affissa sui portelloni posteriori, si riesce a leggere anche a una certa distanza. "Vivi", quegli animali, lo saranno ancora per poco. Fino alla deportazione nei mattatoi. Poi, kaputt. E punto e a capo. Perché i dubbi sulle carni e sul latte contaminati dalla diossina rimarranno anche dopo l'abbattimento degli animali. Perché la richiesta rivolta dal Comitato per Taranto ai ministri della Salute e dell'Ambiente, Sacconi e Prestigiacomo, di far eseguire controlli sul latte della centrale Parmalat di Taranto resterà senza risposta. Perché nemmeno tutti i politici e tutte le istituzioni locali risponderanno a quella richiesta. Perché a Brescia, dove il problema della diossina è molto serio, ma non tragico come a Taranto, nello stesso periodo sono state chiuse due aziende agricole in cui si è trovato latte con livelli di diossina superiori ai limiti di legge. E poi perché questa è l'Italia, no? Se l'acqua non ci arriva alla gola, non si muove nessuno.

IL LATTE DI ROSALINDA

«Che culo, noi in Calabria abbiamo la 'ndrangheta. Voi invece a Taranto avete l'Ilva.» Adesso lo racconta ridendo e facendo ridere chi la ascolta. Ma quando gli amici, i parenti e la gente di Rocca Imperiale, il suo paese in provincia di Cosenza, la prendevano in giro con questa battuta, Rosalinda Scimè ci rimaneva male.

Non capiva perché lei, calabrese, avesse sbagliato a scegliere di vivere a Taranto. Prima di lei, ci erano venuti a vivere sua madre e suo padre, che faceva il ferroviere e a causa del suo lavoro era stato trasferito in Puglia. I suoi genitori non si erano mai lamentati della nuova sede. Certo, Taranto era una grande città, per loro che venivano da un piccolo paese della provincia di Cosenza, ma in compenso era anche l'unica città industriale dove il sole e il mare non avevano nulla da invidiare al sole e al mare di Rocca Imperiale, che sta sullo Jonio proprio come Taranto.

I genitori di Rosalinda si ritenevano fortunati per non essere finiti a Torino, a Milano o in Germania, dove erano dovuti emigrare tanti altri loro conterranei, e benedicevano la grande industria che permetteva loro di vivere al Sud come fossero operai del Nord. Erano a due ore di macchina dal paese in cui erano nati, dove potevano ritornare anche ogni fine settimana, ma godevano di opportunità e vantaggi che al paese non avrebbero mai avuto. La casa popolare nel quartiere Tamburi, per esempio. Ottenerla, era stato quasi un privilegio.

Oggi, al quartiere Tamburi, nella stessa palazzina, abita anche Rosalinda. Con il marito Paolo Russo e i loro due figli, Sara e Ivan.

Rosalinda e Paolo sono al secondo piano. Al terzo, c'è la mamma di Rosalinda, ammalata di leucemia. E nella stessa palazzina, in quelle vicine, in tutto il quartiere, c'è molta gente che si sta spegnendo così, specialmente bambini.

«Non avevamo mai vissuto direttamente il dramma della leucemia» dicono Paolo e Rosalinda. Sono giovani, trentadue anni lui e ventinove lei. Adesso però sono impauriti da quello che accade intorno a loro. Mentre fino a qualche tempo fa si consideravano fortunati, perché la loro più grossa preoccupazione era quella di non stendere fuori, sul balcone, i panni e le lenzuola, che diventano neri per la polvere finissima dei parchi minerali dell'Ilva trasportata ovunque dal vento, dentro ogni casa e in ogni tubercolo polmonare di uomini e animali.

Ma Ivan e Sara, che hanno uno e quattro anni, restano incantati, la sera, quando guardano attraverso i vetri delle finestre quelle che loro chiamano «le brillantine». Il luccichìo delle polveri minerarie che danzano nell'aria li ipnotizza e quando non fa freddo, in primavera e in estate, vogliono uscire fuori, sul balcone, per ammirare lo spettacolo e catturare con le mani un po' di brillantine volanti. Sono quelle le loro lucciole.

La sera però è il momento più bello ma anche il più infido per lasciarsi tentare dalle brillantine, perché con il buio il «drago» sbuffa a pieno regime e star troppo tempo fuori non si può, fa male, soprattutto ai bambini. Rosalinda lo sa, glielo dicono ogni giorno amici e conoscenti, che la aggiornano sui nuovi casi di leucemia scoperti nel quartiere. «Hai saputo chi sta male?», e via con i dati anagrafici e l'albero genealogico della nuova vittima.

Dieci mesi prima, mentre allattava Ivan, Rosalinda pensava che fosse toccato a lei e al suo bambino.

Il medico di famiglia le aveva chiesto di far analizzare il suo latte, spiegandole che c'era il fondato sospetto che potesse risultare contaminato da diossina e policlorobifenili. Lei, che è una donna intelligente e una mamma premurosa, accettò. Ma quando conobbe i risultati delle analisi – valori di diossina molto più alti della norma – si sentì subito una «mamma al veleno», prima ancora che i giornali definissero così lei e le altre due donne che si erano sottoposte al test.

«La presi male, molto male, e istintivamente smisi di allattare Ivan al secondo mese di vita» dice Rosalinda. Poi, la rabbia. Ogni giorno davanti al computer a vedere filmati, a leggere articoli, a consultare studi sui veleni di Taranto e persino su quelli del Giappone. A confrontare i parchi minerali e l'acciaieria di qui con quelli che hanno lì, dall'altra parte del globo. A entrare e uscire da Facebook, per tenersi in contatto con gli amici del gruppo "Ci svegliamo la mattina respirando la diossina".

Rosalinda, a un certo punto, capisce che è finita un'epoca. E lo fa capire anche a Paolo, che lavora al porto, ai cantieri navali, dov'è arrivato quasi per caso, dopo sessantacinque domande di assunzione all'Ilva finite nel nulla. «Pensavo fosse una maledizione non poter entrare al siderurgico, invece oggi la considero una fortuna» dice Paolo. Eppure, qui c'è ancora chi cerca la raccomandazione per entrare all'Ilva, perché il ricatto del posto di lavoro è ancora molto forte.

«Mio fratello lavora lì» racconta Paolo. «È un ragazzo di carnagione bianca. Quando torna a casa sembra un altro. Ma la cosa più impressionante è che sembra truccato come un attore di teatro, sembra che abbia esagerato con la matita intorno agli occhi» Glielo dicono, glielo fanno notare, un po' lo prendono in giro, però il fratello di Paolo dà sempre la stessa risposta: «Se me na vado via da lì, cosa faccio?».

Fosse per loro, Paolo e Rosalinda andrebbero via dal quartiere Tamburi e anche da Taranto. Subito. Come ha fatto una sorella di lei, che se n'è andata nella vicina Crispiano. Ma anche loro, dove potrebbero andare se Paolo mollasse il suo lavoro al porto e non ne trovasse un altro? E allora cercano di sopravvivere qui, con le finestre chiuse fin quando possono, evitando il più possibile di tenere i bambini all'aperto, anche quando devono uscire a far due passi, e industriandosi tutti i giorni per sfuggire alle insidie dell'industria.

Rosalinda non fa mangiare ai suoi bambini i latticini e un sacco di altre cose in cui è più facile che si accumuli la diossina. E per la carne, chiede al papà di portargliela, tutte le volte che il papà va in Calabria. Sembrano quasi i rifornimenti clandestini di viveri nella striscia di Gaza, ma così è, chi vuol sopravvivere qui deve farlo come se fosse in guerra.

«È cambiata la nostra vita, sono cambiate le nostre abitudini» dicono Paolo e Rosalinda. E quando dicono «nostre» non intendono solo le loro, ma quelle di un'intera città, anche dei quartieri meno "esposti" del Tamburi.

È difficile credere che sia "proprio" così, vero? E invece è esattamente così. Rosalinda dice che c'è un sistema infallibile per rendersene conto. Venire qui ai Tamburi, sotto le bocche di fuoco del drago, per un giorno e una notte. Anche soltanto per un solo giorno e una sola notte.

«Mi piacerebbe che venisse qui il ministro dell'Ambiente, Stefania Prestigiacomo, magari con suo figlio, che mi sembra sia appena più grande della mia Sara» dice Rosalinda. «Li ospiterei io, se si accontentassero di una sistemazione modesta, ma dignitosa.»

Il ministro, o chiunque altro, potrebbe vedere com'è buffo il fratello di Paolo con il «trucco» di matita intorno agli occhi, ammirare le brillantine la sera e svegliarsi nel cuore della notte per il boato tremendo che si sente ogni notte, per non più di cinquanta o sessanta secondi, accompagnato da un forte odore acre non meglio identificato. E poi, al mattino, risvegliarsi serena e fiduciosa, pronta per un buon caffè. Senza latte però. Qui, per colpa della diossina, si sta attenti anche al cappuccino.

IL FORMAGGIO DI LIGORIO

Il formaggio era buono, di latte di capra. E Carmelo Ligorio, fra pecore e capre, aveva un gregge di centocinquanta capi. Tutti i giorni, tanta gente andava direttamente da lui, in campagna, a comprare il latte, fresco e genuino. Bastava portare una bottiglia e Carmelo afferrava una pecora per le zampe posteriori, la immobilizzava e mungeva le sue mammelle piene. Da Carmelo andavano un po' tutti, anche a piedi. Perché il suo gregge pascolava alle porte del paese di Statte. D'inverno, in un uliveto proprio accanto al cimitero, dove Ligorio aveva trovato un casolare abbandonato in cui ricoverare il gregge. D'estate, nel recinto e nei locali dell'ex depuratore, anch'essi abbandonati, proprio sul ciglio del burrone dello spettacoloso Parco naturale delle gravine.

Ligorio aveva la faccia, i baffoni e i modi di un *peone* messicano. Sembrava uscito da un film di Sergio Leone. C'era lui e c'era il suo gregge. E poi il resto del mondo. Dell'Ilva, per dire, che pure gli stava davanti agli occhi tutti i giorni, a un chilometro in linea d'aria, e di cui sentiva dire, tutti i giorni, che «dava da mangiare» ai tarantini, a Ligorio non fregava nulla. C'erano lui e il suo gregge e, al massimo, il capovaccaio, quel falco maestoso che va dove vanno le greggi.

Il 6 agosto del 2008, a cinquantasette anni, Carmelo Ligorio è morto. Aveva un tumore alla testa. Ha finito i suoi giorni, lui, nomade come un re pastore, inchiodato su una sedia a rotelle. A parlare solo con gli occhi.

Cinque mesi prima della sua morte, a febbraio, l'associazione ecopacifista Peacelink aveva fatto una scoperta sensazionale. Uno degli ultimi pezzi di formaggio di capra che Carmelo Ligorio aveva prodotto, e che aveva venduto a un suo cliente abituale, era pesantemente contaminato. Peacelink lo aveva fatto analizzare a proprie spese e le analisi avevano rivelato una contaminazione da diossina e pcb (policlorobifenili) tre volte superiore ai limiti di legge.

Per analizzare il formaggio di Ligorio i ragazzi di Peacelink non si affidano a un laboratorio pubblico, "istituzionale", per la semplice ragione che non si fidano. Decidono di rivolgersi a uno dei laboratori Inca (Consorzio interuniversitario nazionale "La chimica per l'ambiente"), quello di Lecce, che ha prestigio e competenza necessari anche per i prodotti alimentari lungo tutta la loro catena di produzione.

Il responso dell'Inca è inequivocabile. Come si sospettava, quel formaggio è avvelenato. Un bambino che pesi venti chili non potrebbe mangiarne più di due grammi, altrimenti supererebbe la "dga", cioè la dose giornaliera accettabile. In altre parole, dice l'Organizzazione mondiale della sanità, la "dga" è una stima della quantità di diossine e pcb presenti nel cibo che possono essere ingeriti senza rischi apprezzabili per la salute.

È il finimondo. Una notizia così, per quanto la si possa "comprimere", come infatti avviene, non si può oscurare del tutto. Tre anni prima, Taranto aveva "scoperto" di essere la capitale della diossina. Adesso, scopre di aver mangiato formaggio e bevuto latte alla diossina. È troppo anche per l'Italia del Sud.

Sarebbe troppo per qualsiasi periferia di qualsiasi impero. Si comincia a ragionare e a collegare fatti, nomi, luoghi.

Dove pascolava il gregge di Ligorio? E dove ha vissuto per tutta la vita lo stesso Ligorio? E come mai, quando Ligorio viene ricoverato per la prima volta, l'anno precedente alla sua morte, si cerca di minimizzare il caso e addirittura si mette in giro la voce che Carmelo "il Messicano" era finito in ospedale perché aveva bevuto troppo, quando invece il tumore aveva già cominciato a mangiargli il cervello?

La paura di una contaminazione su vasta scala è fondata. Negli stessi giorni, stampa e tv parlano delle mozzarelle della Campania, contaminate dalla diossina che si sprigiona dai roghi dei rifiuti, ma tacciono sulla diossina di Taranto, che pure non è "estemporanea" come quella napoletana, ma endemica e industriale, per origine e quantità. Le pecore di Ligorio, ecco la verità, pascolavano in terreni contaminati. E assieme al latte e al formaggio, ecco la paura, si teme anche per la carne, il pesce, le uova, i salumi. Tutti alimenti nei quali la diossina si troverebbe a proprio agio. A differenza della frutta e della verdura, che se ben lavate possono scrollarsela di dosso.

La conferma che non si tratta di allarmi ingiustificati si avrà nell'autunno successivo, quando, come abbiamo visto, verrà deciso l'abbattimento di migliaia di capi di bestiame e si ammetterà la probabile contaminazione di un'area vastissima. Certo, un tumore a Taranto non è merce rara, ma a questo punto il sospetto che Ligorio sia stato direttamente colpito dal male a causa di una costante esposizione agli inquinanti, proprio come il suo gregge, è un sospetto molto forte. Ma come fare a provarlo? Sarà la procura di Taranto ad accertarlo, che su questo ha aperto un'inchiesta. Fin da ora, però, si possono dire alcune cose che aiutano a capire.

Primo. Dal formaggio contaminato è possibile risalire alla "sorgente di emissione" – un inceneritore, un'industria chimica, siderurgica o d'altro genere – e quindi stabilire con precisione qual è il terreno in cui la pecora abbia pascolato. Come il numero di targa di un'auto o l'impronta digitale di una persona, il risultato di questa ricerca può essere uno solo, così come non ci sono numeri di targa o impronte digitali uguali.

Secondo. Tra la rete metallica che delimita l'Ilva e il comune di Statte c'è un'area di oltre 10 ettari, in cui Ligorio e il suo gregge erano di casa. Quest'area, incolta e liberamente accessibile, ottima anche per il pascolo, è di proprietà dell'Ilva e qualche anno fa la società siderurgica voleva donarla a Statte. Ma qualcuno mise in guardia il sindaco del borgo, che infatti rifiutò il "regalo". L'area era fortemente contaminata da policlorobifenili, berillio e chissà cos'altro. L'Ilva voleva solo sbarazzarsene.

Terzo. Non c'è una casa, tra quelle che si trovano in questa zona di campagna, in cui non ci sia stato un morto di tumore o in cui non vi sia una persona colpita dalla stessa malattia.

Quarto. Nessuno ha ancora fatto delle stime "scientifiche", ma non uno sostiene che per bonificare questa specie di "terra di nessuno" che si trova tra l'Ilva e Statte occorrano meno di trent'anni, poiché sarebbe necessario sbancare – per tutta l'area – almeno un paio di metri di terra. Costruire piramidi sarebbe meno impegnativo. Questo sembra proprio uno di quei casi di contaminazione "irreversibile".

Ma torniamo a Carmelo Ligorio. Dopo la sua morte, su di

lui è calato uno strano silenzio. Ricostruirne vita e opere sembra un'ulteriore fonte di preoccupazione. Per chi, è un aspetto da approfondire. Anche se non è difficile da immaginare. Un aiuto potrebbe venire dai figli di Ligorio. Ma quando, dopo molti contatti e altrettante mediazioni, come nemmeno la trattativa per la liberazione di un ostaggio richiederebbe, incontro uno di loro, la risposta è il silenzio. Un silenzio ostinato. Pesante. Strano. L'unica cosa che il figlio di Ligorio mi dice è questa: «Quando ho chiesto aiuto, tutti mi hanno ignorato. Adesso non parlo io».

A chi e per cosa ha chiesto aiuto il figlio di Ligorio? Cosa sapeva di importante su questa vicenda, che prima voleva dire e adesso non più? E che cosa c'entra questo improvviso silenzio sulla morte di suo padre con le voci sempre più insistenti, ma infondate, che attribuiscono la responsabilità della contaminazione da diossina, anziché all'Ilva, a un'azienda che smaltiva irregolarmente trasformatori elettrici e che è fallita alcuni anni fa?

Ligorio "il Messicano" non può rispondere. La foto sulla tomba lo ritrae sorridente e anche un po' spavaldo. Forse è persino contento. Oggi tutti dicono che è stato grazie a lui e al suo formaggio, se per la prima volta a Taranto sono stati eseguiti controlli sanitari più seri che in passato.

«E ADESSO CHE MI SUCCEDERÀ?»

Come fare a dimostrare che la diossina c'era ed era finita nel corpo degli uomini, oltre che nella carne degli animali?

Le associazioni che l'avevano scoperta facendo analizzare il formaggio di Carmelo Ligorio non potevano certo avviare una campagna di analisi del sangue di massa. A parte i costi e l'impossibilità di sostituirsi agli organismi istituzionali, che non fanno mai ciò che dovrebbero nel momento in cui sarebbe necessario farlo – o perché anch'essi privi di fondi sufficienti, o perché le leggi non ne prevedono la competenza, o semplicemente perché «se lo facessimo, le conseguenze non si potrebbero nemmeno immaginare» –, a parte tutto questo, come convincere la gente a sottoporsi a un prelievo che avrebbe potuto rivelare ciò che forse era preferibile non sapere?

L'unica via, semplice e diretta, era quella dei volontari. Come in guerra, si è pensato di trovare persone che si offrissero spontaneamente per una missione delicata. E affinché «i volontari della diossina» costituissero un campione rappresentativo anche in base all'età, il "bando" di reclutamento ha fissato alcuni requisiti: non meno di dieci persone, tutte di Taranto città, cinque sotto i sessantacinque anni e altre cinque ultrasessantacinquenni. Aver fissato un'età così avanzata come linea di demarcazione nel gruppo dei dieci volontari è servito a dimostrare come la diossina, una volta entrata nel corpo umano, non si riduce né sparisce, ma si accumula nel tempo. Detto brutalmente: chi è più anziano, se non è morto prima, ne porta in corpo di più.

Com'era stato previsto, i dieci volontari sono risultati tutti contaminati da livelli elevatissimi di diossina. Valori spaventosi. Il sangue dei cinque ultrasessantacinquenni, però, aveva rivelato una sopresa in più. Il poco invidiabile record del più alto valore al mondo di contaminazione da diossina mai riscontrato in esseri umani.

I dieci volontari erano stati preparati psicologicamente. E tuttavia, quando hanno appreso di essere contaminati, e per valori così elevati, hanno vacillato. Nessuna scena di panico, né di meraviglia – a Taranto queste cose sono pane quotidiano –, ma soltanto una domanda, sempre la stessa, nonostante i dieci non si conoscessero tra di loro e non siano entrati in contatto l'uno con l'altro. La domanda, con il verbo al futuro, che hanno fatto tutti è stata questa: «E adesso che mi succederà?».

«È una domanda che potrebbero fare e farsi tutti i tarantini, perché è la drammatica sintesi di tutta la questione ambientale tarantina. È una domanda carica di inquietudine e di preoccupazione, che richiede delle buone risposte» dice Antonio Demitri, medico psichiatra. Demitri è di Taranto e vive in Lombardia. Però a Taranto ha i genitori, Ida e Lorenzo. Che non sono due persone qualsiasi. Sono due dei dieci volontari di cui stiamo parlando e ai quali la gente di Taranto dovrebbe essere grata. Poiché con il loro sangue, è davvero il caso di dirlo, hanno permesso che Taranto non si facesse ingannare e conoscesse la verità.

Lorenzo è stato un insegnante di Lettere. Sorride. Dice che forse avrebbe fatto bene a comportarsi come il Ruggero dell'*Orlando furioso*, che invitato da una maga a guardare in una sfera di cristallo se la sua donna lo tradisse, rispose di no, perché se davvero fosse stato così sarebbe stato meglio non saperlo.

Lorenzo e Ida Demitri hanno l'età giusta per ricordare. Erano felici, come tutti qui, quando quasi cinquant'anni fa arrivò l'Italsider, come allora si chiamava l'acciaieria. E hanno coltivato questa illusione a lungo. Solo quindici anni fa hanno cambiato radicalmente idea e hanno capito, dicono oggi, che «il siderurgico e le altre grandi industrie sono state una sciagura per Taranto».

Dice Ida: «Prima dell'avvento della grande industria, l'aria, l'acqua, la gente, tutto era più buono a Taranto. E anche la vita costava meno. Non è che vogliamo fare i cantori del tempo andato, ma questa è la realtà. Purtroppo solo oggi realizziamo che a trarre vantaggi dall'Italsider-Ilva sono stati soltanto i settentrionali, che qui hanno trovato la loro America e ci hanno trattato come una colonia. Mentre loro, tecnici e dirigenti, non sono mica rimasti a vivere a Taranto. Si sono rifugiati nelle ville che costruivano o acquistavano lungo tutta la litoranea, fino a Santa Maria di Leuca e a Santa Cesarea Terme».

Il padre di Lorenzo Demitri lavorava come funzionario statale a Voghera, dove si era stabilito. Lorenzo e Ida andavano a trovarlo spesso. Erano gli anni d'oro del siderurgico. Un giorno, dalla parrucchiera, chiacchierando con una signora di Voghera, Ida le disse che era di Taranto. La signora quasi saltò sulla sedia. Era la moglie di un dirigente dell'Italsider. «Lei è di Taranto?» disse a Ida. «Ma come fate a vivere lì? Avete il più bel mare d'Italia, però non ve lo meritate.»

«Rimasi senza parole» racconta Ida. «Suo marito dirigeva la fabbrica che ci appestava e lei se la prendeva con noi che ne subivamo le conseguenze.»

A distanza di anni però, Ida dà a quelle parole anche un'altra possibile interpretazione. Forse, dice, quella signora di Voghera se la prendeva con l'indolenza dei meridionali. «Forse se la prendeva con il fatto che noi ci muoviamo solo se costretti dalla necessità, o dal pericolo.»

Negli ultimi quindici anni, Taranto è diventata la prima città in Italia per i casi di tumore al polmone. Un altro primato tristissimo, che però non è colpa soltanto della diossina o soltanto dell'acciaieria. A costo di essere ripetitivi, non bisogna mai dimenticare nemmeno per un attimo che la diossina concentra su di sé la maggior parte delle paure anche perché è "l'ultima arrivata" nei discorsi della vita quotidiana di Taranto. Ma qui, con la diossina, a cominciare dalle massicce quantità di biossido di carbonio, c'è di tutto. Il tempo in cui l'inquinamento di Taranto «era soltanto quello del fumo della nave che sporcava il cielo», come dice Lorenzo Demitri, è davvero finito, è solo un ricordo lontano. Oggi la consapevolezza del pericolo è patrimonio comune. Per questo la difesa senza condizioni dell'industria, e delle fabbriche nocive, non è più il primo comandamento.

Lorenzo e Ida Demitri sono persone colte, ma oggi a Taranto in questa materia è difficile incontrare analfabeti. Forse ne sono rimasti alcuni solo nei quartieri abbandonati e semidistrutti del bellissimo borgo antico, dove il tema principale è che cosa rubare e come procurarsi la droga. Ma anche lì, di chi è la colpa, se non dell'azione combinata di una politica che non ha fatto mai nulla per prendersi cura della Città Vera, mentre la Città dell'Acciaio divorava tutto e tutti e intorno a sé faceva il deserto?

Stiamo per uscire dal primo decennio del secolo XXI e siamo ancora qui a chiederci perché il governo e il Parlamento non obblighino le fabbriche nocive ad adottare le migliori tecnologie per abbattere i rischi di malattie e di morte. Subito. Non fra un anno, o fra cinque.

All'estero – in Europa, nel mondo occidentale e anche nei

Paesi meno ricchi ma più evoluti del nostro – lo hanno già fatto. Non lo hanno fatto soltanto in Africa, in Asia, nel resto del mondo non sviluppato e, appunto, in Italia. Dove però questa verità elementare non si può dire, perché "noi siamo in Europa". Già. Ma solo grazie alle Alpi, che ci tengono saldamente incollati al resto del continente.

Secondo Ida, «I nostri governi, tutti i poteri pubblici, fanno poco o nulla, e le tv e i giornali non parlano del nostro inferno perché noi siamo il Sud e serviamo appunto a questo, a tenerci fabbriche che ci ammazzano e che arricchiscono chi non vuole spendere nemmeno un decimo dei suoi utili per ammodernare gli impianti e osservare tutte le norme a tutela della salute e della sicurezza».

Lui e sua moglie, dice Lorenzo, sono fortunati perché hanno vissuto. E ora considerano un regalo ogni giorno di vita in più, nonostante quei valori altissimi di diossina. Ma i più giovani? E i bambini, che sono i più colpiti dalle malattie causate dagli inquinanti del polo industriale?

«Ma davvero dobbiamo rassegnarci a credere che queste stragi finiranno soltanto quando finirà la domanda di acciaio?» dice Lorenzo. «E in ogni caso, perché l'Ilva e le altre industrie devono far pagare ad altri le conseguenze delle loro azioni?»

Non me la sento di dire a Lorenzo e a Ida che negli Stati Uniti il 66 per cento dell'acciaio è prodotto da materiali recuperati, cioè ricavato dagli scarti, dai rottami. E che un'acciaieria come quella di Taranto non ha più senso, da qui al futuro.

FUMATORE INCALLITO A UNDICI ANNI

Silvio aveva undici anni quando gli diagnosticarono un tumore da fumo. Fu a marzo del 2007. Ovviamente, Silvio non aveva mai fumato una sigaretta in vita sua. Ma era già conciato come un fumatore incallito.

Un caso simile, Patrizio Mazza, primario di ematologia all'ospedale Moscati di Taranto, non lo aveva mai visto. E nemmeno la letteratura medica internazionale lo contempla. Anche a cercare su Internet, la risposta è negativa: «No items found». Per questo Mazza temeva di avere sbagliato diagnosi. Invece no. Quel bambino aveva proprio un cancro da fumatore: adenocarcinoma del rinofaringe. Come tanti altri tarantini. E Silvio non proveniva nemmeno dal quartiere Tamburi, il più a rischio, dove, dice Mazza, «io non ci costruirei nemmeno le scuole», ma da una zona molto più lontana dall'Ilva.

«In dieci anni» dice Mazza «leucemie, mielomi e linfomi sono aumentati del 30 per cento. Per colpa di tutti gli inquinanti e anche per colpa della diossina, che danneggia il Dna. Un caso come quello di Silvio è da considerare come un codice rosso ed è sicuramente collegato alla presenza di diossina. Se nei genitori c'è un danno genotossico, non è in loro che quel danno emerge, ma nei figli». La diossina, spiega il dottor Mazza, è un "danneggiatore" del Dna. E le cellule germinali danneggiate possono trasmettere il tumore alla progenie, per esempio inviando al Dna del nascituro il "messaggio" di ammalarsi prima di tumore. Esistono test genotossici che lo dimostrano.

Mazza è di Reggio Emilia e fa il medico a Taranto come fosse in trincea. Sa che la salute di un'intera popolazione è in pericolo, e il suo sangue romagnolo ribolle di fronte alla mollezza sibaritica della Taranto magnogreca, che a volte disconosce il problema, a volte ci convive con stolto fatalismo, altre volte si lascia sprofondare nella disperazione muta, vissuta nel recinto delle quattro mura di casa propria.

«Sono qui da quindici anni. Prima, il nostro reparto di ematologia sopperiva anche alle necessità della provincia di Lecce. Ora, invece, non bastano due nuovi reparti di ematologia, uno a Lecce e l'altro qui a Taranto.» Nel suo ambulatorio è una processione. Due o tre casi di leucemia alla settimana. Tutte le settimane. Tutte leucemie acute. Anche la ragazza di diciannove anni che usciva piangendo dallo studio di Mazza, quando sono andato a incontrarlo per la prima volta nell'ospedale Moscati, aveva la leucemia. Era al quinto mese di gravidanza.

I casi sono sempre più vari e numerosi, l'età dei pazienti sempre più bassa. Con un diagramma Mazza fa vedere come a Taranto, per i principali tumori ematologici, si sia passati dall'età media di 64 anni nel periodo 1998-2001 ai 61 anni del periodo 2002-2005, fino a crollare a 55 anni nel biennio 2006-2007.

Il numero globale di tumori ematologici registrati da Mazza fino alla fine del 2008 è di 964 casi. Con un'incidenza sulla popolazione – qualora la medesima non subisca variazioni nel tempo – di 480 casi su centomila abitanti. Il dato più alto è naturalmente quello del quartiere Tamburi. Ma c'è anche un'altra tabella che fa riflettere. Riguarda la "classifica" dei vari tipi di tumori ematologici osservati da Mazza. Tra le patologie il cui incremento è maggiore, troviamo al primo posto i tumori cronici (sindromi mieloproliferative croniche) e al secondo le leucemie acute. Che cosa significa questo? Vuol dire che le cause del male sono antiche, e cioè che negli anni c'è stato tutto il tempo affinché alcune forme tumorali prendessero piede e si cronicizzassero. Poi la tabella elenca, nell'ordine, i linfomi di Hodgkin, i mielomi e i linfomi non Hodgkin.

Quando visitò Silvio, Patrizio Mazza pensò proprio a un linfoma. Poi esaminò le cellule e credette di aver sbagliato tutto. Alla fine, dovette convincere se stesso che quel bambino aveva un adenocarcinoma.

Pensò: «Ma allora qui siamo al disastro!». Questo è ciò che da quel giorno ripete ad alta voce in tutte le occasioni pubbliche, affinché tutti prendano coscienza di una situazione che li riguarda direttamente. Secondo Mazza, non ci sono alternative e non è più tempo di aggiustamenti: o se ne va l'Ilva o bisogna spostare Taranto da un'altra parte. E quando qualcuno per questa sua posizione netta lo accusa di allarmismo o addirittura lo definisce "terrorista", Mazza non va per il sottile. «Sono un medico, so di cosa parlo. E sono anche disposto a fare dei corsi gratis sull'argomento a chi spara questi giudizi. Dopodiché, sono anche pronto a mandarlo al diavolo.»

Di Silvio si accorge suo padre Franco Gissi, una sera in pizzeria. È il 26 febbraio 2007. Sul lato sinistro del collo di Silvio, il papà nota uno strano rigonfiamento. Lo tocca lievemente, non gli piace, porta suo figlio dal dottore. Poi va all'ospedale Santissima Annunziata. Qui, prima scambiano quel bozzolo come una ghiandola dovuta alla crescita e poi, non sapendo che pesci pigliare, trattengono Silvio in ospedale per ventitré giorni, dopodiché lo spediscono al policlinico di Bari, reparto ematologia. A Bari, quella ghiandola viene considerata un deposito di pus e propongono di drenarla con un ago.

No, dicono Franco e sua moglie Rosanna, non ci siamo, torniamo a Taranto, andiamo dal dottor Mazza. Fino a quel momento, i genitori di Silvio avevano scartato l'idea di andare da Mazza. Una forma di scaramanzia, chissà. Non volevano nemmeno immaginare che il figlio potesse avere bisogno di «quel dottore che cura le leucemie».

Mazza fa subito una cosa. Aspira con un ago un po' di tessuto e lo fa esaminare. Il 30 marzo 2007, la diagnosi che lascia tutti increduli: adenocarcinoma del rinofaringe.

Non c'è tempo da perdere. I Gissi partono per Rieti, dove a Silvio vengono asportate la tonsilla sinistra e le adenoidi. La biopsia conferma l'incredibile diagnosi di Mazza. Silvio è come un fumatore accanito, anche se non ha mai fumato. Adesso i genitori si spiegano perché Silvio era sempre stanco. Quando tornava da scuola, e persino quando usciva a fare due passi e finiva per sedersi sul primo marciapiede, esausto.

Cominciano i cicli combinati, tre, di chemioterapia. Fino a giugno. Poi la radioterapia, associata ad altri sette cicli di chemio. La radioterepia Silvio la fa a Parma, perché a Taranto l'apparecchiatura c'è, ed è anche all'avanguardia, ma non ci sono i medici e il personale per farla funzionare. Radioterapia a Parma significa anche fare il pendolare fino a Reggio Emilia, dove Silvio si sottopone alla chemio. In tutto, Silvio e i suoi stanno fuori casa quattro mesi.

Ai Gissi è stata molto vicina l'Ail, l'Associazione italiana contro le leucemie. Paola D'Andria, presidente dell'Ail di Taranto, dice: «Quando succede una cosa del genere, nelle famiglie scoppia una bomba atomica». È difficile per i genitori di Silvio accettare che il loro bambino sia stato colpito da una malattia che si manifesta soltanto in quegli adulti che sono grandi fumatori. Ed è ancora più difficile adattarsi all'idea che Silvio debba essere curato con una chemioterapia da adulto. «Il dottor Mazza ha fatto i salti mortali e il giro del mondo per poter adattare il protocollo da adulto a un ragazzino», dice Rosanna Gissi.

A Silvio, i genitori hanno sempre detto che aveva soltanto un linfonodo. Ma lui pian piano ha capito. Un giorno, in ospedale, con la bocca e la gola che gli bruciavano e gli impedivano persino di parlare e di deglutire, ha detto: «Mamma, io voglio lottare. Non mi voglio abbattere. Devo essere più forte».

Franco e Rosanna Gissi, da quando hanno realizzato qual è stata la fonte della malattia del figlio, dicono di sentirsi in colpa. «Sì, perché fino a quel momento siamo stati degli ignoranti. Cittadini di Taranto che ignoravano, letteralmente, i gravissimi problemi di inquinamento della propria città e che non facevano nulla per informarsi, per capire.»

È anche vero, però, che l'informazione su queste cose è sempre stata una merce rara da trovare. Non solo per colpa di rilevazioni mai fatte o fatte male, o dei dati sempre nascosti, ma anche per il maledetto coro della GPI, la Grande e Piccola Informazione, che salvo qualche eccezione, immediatamente isolata come un virus, alla gente non ha mai veramente detto e spiegato nulla. Per tante ragioni. Perché la GPI si compra e si vende, perché le ragioni inconfessabili della politica consigliano sempre che "non è questo il momento", perché il ricatto della perdita del posto di lavoro spaventa come la minaccia di un atto terroristico. O per tutte queste cose insieme.

Va a finire che un'intera comunità vive i suoi drammi collettivi come altrettante disgrazie individuali, stordita dalla tv, ingannata dai giornali e speranzosa soltanto in un colpo di fortuna alla lotteria o in un quarto d'ora di celebrità in televisione. Ecco, forse non dappertutto è proprio così, ma di sicuro a Taranto è così. Spiace dirlo, ma a Taranto sembrano essere rimaste soltanto due speranze: essere baciati dalla fortuna di una lotteria e non doversi misurare con la roulette russa della malattia.

Un'altra conferma, se ce ne fosse bisogno, viene proprio dalla vicenda di Silvio. Superata la fase più delicata, ai suoi genitori qualche tv ha chiesto di raccontare la propria storia. Rosanna e Franco hanno accettato e subito dopo sono stati subissati di telefonate e fermati per strada anche da chi non li conosceva. Ma non per solidarietà. No. Li hanno rimproverati. «Va bene, siete stati duramente colpiti. Ma se qui chiudono l'Ilva noi come mangiamo?» «Per andare in tv vi hanno pagato, vero?» «Di sicuro non vi hanno dato meno di 2 mila euro» «Tu, Rosanna, hai fatto la tintura ai capelli?» «E a te, Franco, ti hanno truccato?»

A Franco sono cadute le braccia. Ma Rosanna un giorno è scoppiata a piangere e ha reagito con rabbia. Gliel'ha urlato in faccia: «A questo siete ridotti! Se ho parlato in pubblico di mio figlio l'ho fatto per me, per buttar fuori il mio dolore, ma l'ho fatto anche per voi e i vostri figli. Svegliatevi. Non sono andata al Grande Fratello, capito?».

Oggi si può dire che Silvio sta bene. Ha tredici anni, frequenta la terza media, gioca a calcio con gli amici. Ma deve sottoporsi a frequenti controlli periodici. Appuntamenti che gli creano tensione già dalla settimana prima. E allora, per farcela, chiede con discrezione a sua madre se in quei giorni può dormire con lei. Oppure prega. In camera sua, in ginocchio, con il Vangelo tra le mani. Come lo ha trovato un giorno sua madre, aprendo la porta senza bussare. Superati i controlli, Silvio si trasforma in un ragazzino dalla vitalità incontenibile. I suoi insegnanti dicono che sembra voler riempire le sue giornate del doppio delle cose che un ragazzo della sua età fa normalmente. E lui stesso lo rivendica: «Io devo fare tutto ciò che mi sento di fare. Dopo quello che ho passato, devo fare tutto».

Un giorno, passando davanti all'Ilva, dove il padre ha lavorato per un anno e mezzo, Silvio ha detto: «Papà, devo dirti una cosa. Questo per me è il mostro che mi voleva distruggere. Meno male che tu sei andato via da lì in tempo. La mamma mi ha raccontato che tornavi sempre tutto nero, come Calimero...».

Le cose a Taranto non sono cambiate e chissà se cambieranno in tempi ragionevoli. Ma Rosanna e Franco non accettano l'idea che l'unica via d'uscita sia quella di andarsene. I figli, magari, appena diventano più grandi. Ma loro no. «Perché dovremmo andar via noi? Vada via l'Ilva. E se non si riesce a migliorarne gli impianti, visto che sono vecchi e superati, la si demolisca. Non è una soluzione semplicistica, è l'unica scelta logica e onesta.»

Sono sempre di più quelli che ragionano così. Anche se sanno che questa sarà la causa della prossima guerra di Taranto. Un'altra guerra tra poveri. «Ci metteranno gli uni contro gli altri» dice Franco Gissi. «Quelli che hanno perso il lavoro contro quelli che hanno perso la salute, o una persona cara. Non dobbiamo permetterglielo.»

Mentre parliamo, il 10 marzo 2009, l'Ilva mette in cassa integrazione cinquecento persone. E minaccia di farle diventare cinquemila. Matematico.

ERAVAMO QUATTRO AMICI AL BAR

Il racconto e la battuta di Vincenzo Pignatelli, dipendente Ilva fino a cinque anni fa, sono fulminanti, ma tetri. Sintetizzano la storia di una vita, ma la annichiliscono.

«Eravamo in quattro. Quattro colleghi. All'Ilva lavoravamo nella stessa squadra, facevamo gli elettricisti. Ma eravamo anche amici, dopo il lavoro ci vedevamo sempre al bar. Sì, proprio quattro amici al bar, come nella canzone di Gino Paoli, ma senza la pretesa di cambiare il mondo. Ci accontentavamo di migliorarlo un po'. Magari a cominciare dagli scalmanati che venivano allo stadio, la domenica, e con la loro violenza ci rovinavano anche la partita. Dal 2002 a oggi però non siamo più quattro amici al bar. Per la semplice ragione che non siamo più quattro. Gli altri tre sono morti. Tutti con la leucemia. Lo stesso tipo di leucemia che ora ha colpito anche me. Per questo dico che "eravamo" quattro amici al bar e che tra qualche tempo saremo di nuovo amici, ma da qualche altra parte.»

Vincenzo Pignatelli ha 56 anni. Entrò all'Ilva che ne aveva ventuno, nel 1974. Ne è uscito nel 2004, usufruendo della cosiddetta "legge sull'amianto", che consentiva agli operai di andare in pensione anticipatamente riconoscendo loro, per ogni decennio di lavoro effettivo, cinque anni di "abbuono".

Come quasi sempre accade in questi casi, un giorno si scopre che quelli che si credeva fossero dei privilegiati rientrano in realtà nel numero delle vittime "preventivate" o "a scadenza". Pignatelli scopre di essere una di queste "vittime future" il 28 febbraio 2008, quattro anni dopo il prepensionamento "dorato", quando gli dicono che ha la leucemia acuta.

Sua moglie, Margherita, gli sta sempre accanto e lo incoraggia in questa lotta per la vita che Vincenzo sta combattendo. Margherita ricorda la felicità di sua madre, quando le disse di essersi fidanzata «con uno che lavora all'Ilva».

«Per ogni madre, allora, sapere che la figlia avrebbe sposato uno con il posto fisso all'Ilva era il massimo, era una garanzia» dice Margherita. Anche perché un "Italsiderino", come li chiamavano allora, guadagnava più di qualunque altro dipendente statale o comunale.

Ma la felicità e la fiducia nel futuro scompariranno presto. Vincenzo e Margherita si sposano, hanno due bambine e vanno ad abitare al quartiere Tamburi. Vorrebbero stare più vicino al posto di lavoro, in realtà corrono a braccia aperte incontro a un destino amaro. Hanno una bella casa, centoquaranta metri quadrati più trenta di terrazza, però Margherita piange tutti i giorni. Non ce la fa a pulire e pulire tutti i giorni quella polvere rossa che si alza con continui mulinelli, entra in casa e si posa su ogni cosa. Non ce la fa a respirarla e a lasciare che la respirino anche le sue figlie. Non ce la fa. Margherita non ce la fa più a vivere lì. E per la verità non ce la fa più nemmeno Vincenzo.

Vanno via, scappano, si trasferiscono alle "case bianche" del quartiere Paolo VI, che sarà anche un ghetto, un dormitorio, e sicuramente non è immune dai fumi di Taranto, ma almeno non è così pericoloso come il Tamburi. Sembra una corsa contro il tempo, quella di Vincenzo e Margherita. Vendono anche la casa, anzi la svendono. 125 mila euro. Valeva il triplo, ma chi la compra una casa al Tamburi? E infatti oggi il mercato delle abitazioni è crollato. Tuttavia, c'è sempre qualcuno che sta peggio di te e vive come un'opportunità ciò che tu o altri avete scartato come un rischio. In quella casa, ora abita un'altra famiglia, con due bambini di cinque e tre anni.

Per Vincenzo però è tardi. La malattia lo aveva già scovato prima che abbandonasse il Tamburi. E non lo ha più lasciato in pace. Nemmeno dopo l'intervento di trapianto al midollo osseo. Nonostante la compatibilità al 100 per cento di suo fratello, che gliel'ha donato, la malattia si è ripresentata e adesso Vincenzo dovrà essere operato di nuovo. E se anche tutto dovesse andar bene, dovranno prima passare cinque anni affinché Vincenzo possa dirsi fuori pericolo. «Capisce adesso perché ripeto sempre che non so quanto mi resterà da vivere?» mi dice da dietro le lenti oscurate degli occhiali e la mascherina chirurgica che gli protegge la bocca. È passato appena un anno da quando è morto suo nipote di tredici anni. Anche lui di leucemia. Anche lui nato e cresciuto al Tamburi. Vincenzo non ha molti motivi per essere ottimista. «Però combatterò fino all'ultimo» dice. «E sono convinto che se il Signore mi farà vivere vedrò l'Ilva chiudere.»

Dice questo, Vincenzo, non solo per la rabbia che si porta dentro. Ma perché è convinto che il gigantismo e l'obsolescenza dell'Ilva non sono più gestibili, come è avvenuto finora, con piccoli aggiustamenti e con quelle grida manzoniane che da dieci anni in qua sono gli "atti d'intesa". Per dimostrare ciò che sostiene, Vincenzo ricorre a un esempio molto concreto. I parchi minerali, quei 66 ettari di montagne di materiale ferroso di cui Taranto non riesce a liberarsi.

«Le polveri non potranno mai essere "controllate"» dice Pignatelli. «Prendiamo per esempio l'uso degli idranti. L'acqua può tutt'al più andar bene per le polveri crude. Ma per quelle che escono dall'impianto di agglomerazione, le polveri bianche, l'acqua non può far nulla. Perché quelle sono polveri idrorepellenti. E poi gli idranti lì hanno funzionato soltanto un mese per la semplice ragione che l'acqua, che prendono dal fiume Tara, è insufficiente, perché viene quasi tutta utilizzata per il raffreddamento degli impianti.»

Pignatelli è anche stato un sindacalista, con la Fiom Cgil. Ma oggi si definisce un apolitico. Dice: «La Fiom era un bel sindacato. Ma poi molti sindacalisti si sono venduti, questa è la verità». Ce l'ha anche con la magistratura, Pignatelli, perché secondo lui non ha inciso come doveva e si è fidata degli "atti d'intesa" tra istituzioni, anche quando era ormai chiaro che non avrebbero cambiato la situazione e che servivano solo a rinviare per poi ottenere un altro rinvio. Ma non fa di tutta l'erba un fascio e ricorda che c'è stato anche chi ha pagato caro il suo impegno. «Angelo Carlino» dice «era un sindacalista bravo e onesto. Poi gli hanno messo due bombe sotto casa e ha lasciato Taranto per andarsene a Roma, a fare il giornalista con *il manifesto*».

Oggi, Pignatelli è ancora più convinto che Taranto può salvarsi solo se l'Ilva chiude. A cominciare dalla progressiva dismissione dell'area a caldo. Anche lui, l'ex sindacalista che si era innamorato del mito della grande industria pesante, crede che Taranto e la sua provincia debbano seguire la loro vera vocazione e riprendersi quel futuro che avevano frettolosamente scartato, l'industria di trasformazione agroalimentare.

Pignatelli però è pessimista. Non tanto a causa della sua salute, quanto per la gente della sua città. Non crede che i tarantini vorranno e sapranno reagire perché, dice, ognuno pensa solo a se stesso e crede che certe cose possano capitare soltanto agli altri. «Anch'io pensavo che a me non sarebbe mai successo. Mi rassicuravo così: perché proprio a me? È quando si viene toccati che le cose cambiano.» Quando è toccato a lui, gli altri si sono dileguati. «A parte gli amici intimi, nessuno è venuto a trovarmi. Nemmeno una telefonata. In fondo, li capisco. Vogliono evitare di ricordare a se stessi che tra loro c'è chi si ammala. È un modo di rimuovere il problema.» Anche se Pignatelli sa, e da ex sindacalista lo sa meglio degli altri, che non si tratta soltanto di una sorta di fuga che vede impegnato ognuno a rifugiarsi nel proprio privato. E infatti eccolo al punto: «C'è stato un abbrutimento collettivo, dobbiamo riconoscerlo. E le trasformazioni sociali, qui a Taranto, hanno smembrato la società. Hanno vinto l'illegalità e la rassegnazione».

Forse è un quadro troppo fosco. Forse una pur piccola *chance* alla speranza bisognerebbe lasciarla. Di certo, Pignatelli dice le cose come stanno. «Scriva pure il mio nome. Sono uno che all'Ilva è entrato tramite l'ufficio di collocamento, non devo nulla a nessuno.»

EUROPA O ERITREA?

«CIÒ CHE VA BENE PER IL SIDERURGICO VA BENE PER TARANTO»

È tra la via Appia e il mare. Su Google, il centro siderurgico Ilva non delude le aspettative. Una macchia scura enorme. Che non è il marrone delle montagne e non è il blu intenso del mare. È invece un colore strano, rosso sporco, il colore della ruggine. Un enorme mantello di ruggine, una coltre polverosa e rossastra che ricopre l'intera cittadella dell'acciaio e ne rivela le reali dimensioni. Non sembra che sia Taranto a contenere l'acciaieria, ma il contrario. La città vera e propria, anche se si estende per 2.600 ettari, sembra essere diventata una cittadella in confronto al centro siderurgico, che misura 1.500 ettari e sforna quasi la metà dei 26 milioni di tonnellate di acciaio prodotti in Italia.

Il centro siderurgico è un mostro che non dorme mai, un "drago", come lo chiamano qui, che allunga le sue enormi zampe fino al mare.

Nel porto – uno dei più grandi del Mediterraneo, strategico anche per la Nato, con le sue portaerei e i suoi sottomarini nucleari –, nastri trasportatori lunghi una decina di chilometri raccolgono il materiale ferroso dalle grandi navi provenienti dalla Cina, dall'Australia, dal Brasile e lo consegnano al "drago". Il "cibo" del drago viene accumulato in ampie aree a cielo aperto all'interno della città dell'acciaio, chiamate pudicamente "parchi" minerali, e da qui finisce negli altiforni, dove quell'ossido di ferro viene mescolato con il coke, la sostanza ottenuta dalla cottura del carbon fossile, e con altri combustibili.

La fusione avviene a 2100 gradi e la ghisa fusa viene convogliata verso diverse uscite e qui raccolta in gigantesche forme, dette bremme, che possono pesare anche 45 tonnellate. Le bremme vengono fatte raffreddare e poi caricate sui carri ferroviari, che le trasportano in un capannone che sembra infinito, lungo più di un chilometro, il laminatoio, dove avviene l'ultima fase di lavorazione, eseguita interamente con tecnologia digitale.

È importante conoscere questi passaggi e familiarizzare con questi termini. Soprattutto, è importante fissare nella memoria due cose: i parchi minerali e il laminatoio. Li incontreremo più avanti, e non sarà un bell'incontro.

Per il momento, concentriamoci sul centro siderurgico, l'unico in Italia a ciclo continuo per la produzione dell'acciaio. Ce n'erano altri, una volta. Ma prima Bagnoli (Napoli) e poi Cornigliano (Genova), hanno detto ciao. È rimasta Taranto, che così ha raccolto con animo intrepido e sguardo fiero – ma non lo dite ai tarantini – la grande eredità di Cornigliano. Era quello il più grande stabilimento per l'acciaio a ciclo continuo e fu costruito nel dopoguerra, con i soldi del piano Marshall, dall'Iri (diventata nel 1934 la principale azionista della genovese Ilva, che era nata nel 1905) e dalla Finsider.

Sono gli anni Cinquanta, la fusione dell'acciaio va a gonfie vele e favorisce anche la fusione societaria tra Ilva e Cornigliano Spa. Nasce l'Italsider, che il 9 luglio del 1960 comincia i lavori per la costruzione dell'allora quarto centro siderurgico italiano. Il 15 ottobre 1961 all'Italsider di Taranto viene prodotto il primo tubo saldato. E nel 1965 ecco anche l'inaugurazione solenne. La fa il presidente della Repubblica, Giuseppe Saragat.

Taranto vive il suo momento di gloria. Le sue «magnifiche sorti e progressive», per abusare un po' di Giacomo Leopardi, sembrano inarrestabili e la proiettano ai vertici del benessere economico dell'Italia meridionale. Sono ancora lontani i tempi in cui si comincerà a distinguere il "benessere", così come individuato in base ai diversi indicatori economici, dallo "star bene", e cioè da quella che comunemente oggi chiamiamo "qualità della vita" e leghiamo indissolubilmente all'aria che respiriamo, ai cibi di cui ci alimentiamo e alla liberazione dalle angosce che viviamo.

In questi anni, ciò che conta e fa cantar vittoria a tutti sono voci come il reddito medio, che a Taranto nel 1971 fa un tale balzo in avanti da eguagliare quello nazionale (per l'esattezza, il 99,5 per cento). O come il reddito pro capite, che a Taranto è il più elevato dell'intero Mezzogiorno d'Italia. O ancora, la voce consumi non alimentari, uno degli indicatori che rispecchiano meglio il cosiddetto "tenore di vita" e che collocano Taranto al primo posto in Puglia.

È un cambiamento senza eguali nel panorama delle città italiane del Sud, e infatti Taranto in questi anni è l'unica città meridionale in cui è davvero mutata la struttura socio-economica, dove il reddito non è più concentrato nelle mani di poche famiglie, ma equamente distribuito fra tutta la popolazione e dove i lavoratori vedono rispettate le regole dei contratti collettivi nazionali. Insomma, l'acciaio e l'industria – la sola Ilva raggiunge i trentamila dipendenti – fanno di Taranto una città moderna e piuttosto ricca. Un'isola felice, dicono in tanti. Anche se non è proprio così.

Taranto è la città dei due mari, il mar Piccolo e il mar Grande. Con l'avvio della seconda industrializzazione perde definitivamente il suo rapporto diretto con il mare. La prima industrializzazione, che era avvenuta con l'Arsenale e la Marina Militare, l'aveva privata dell'affaccio sul mar Piccolo. La seconda le toglie anche quello sul mar Grande. Ma soprattutto li inquina massicciamente entrambi.

Nel mare di Taranto non si può più fare il bagno. Le spiagge urbane affollate diventano un ricordo da cartolina. Pesca e mitilicoltura attività del tempo che fu.

Lo sviluppo urbanistico è disordinato, anzi caotico. Tutto viene fatto in funzione dell'Italsider. «Ciò che va bene per l'Italsider va bene per Taranto» era lo slogan, lo stesso che ha sempre usato Gianni Agnelli, sostituendo Italsider con Fiat e Taranto con Italia. Vero o sbagliato che fosse, una cosa è certa. Ciò che andava bene per il siderurgico non sempre andava bene anche per Taranto. Al contrario, spesso la danneggiava irrimediabilmente.

Un esempio è il quartiere Tamburi, un altro nome da ricordare. L'Italsider se ne frega di piani regolatori, piani comunali, logica elementare o semplice buon senso. E costruisce gli stabilimenti proprio addosso al quartiere Tamburi, come non era accaduto nemmeno con gli *slum* inglesi, i bassifondi delle città operaie della prima rivoluzione industriale.

Il risultato è sotto gli occhi di tutti. Il quartiere Tamburi è il più contaminato. La sua gente nasce e muore lì, stretta tra l'Ilva e il cimitero, che c'era già prima dell'acciaieria, è vero, ma che solo dopo si è riempito con un ritmo da perdite di guerra.

I METALMEZZADRI

Quando alla siderurgia, con i bilanci sempre garantiti dai soldi pubblici delle partecipazioni statali, si chiede di tener conto degli accordi comunitari sulla produzione di acciaio, qualcosa comincia a scricchiolare.

La "creazione" di posti di lavoro come fossero una manna di massa per ogni clientela politico-sindacale non è più sostenibile, e già nel 1980 l'allarme rosso è nella contrazione drastica del numero dei dipendenti, che da trentamila scendono a poco più di ventunomila. È questo il momento in cui le cose cominciano a cambiare. D'ora in avanti, il rapporto tra il centro siderurgico e la città non sarà più lo stesso. Siamo ancora lontani dalla consapevolezza del disastro ambientale in atto, ma almeno sul piano economico la grande illusione sembra finita.

Se ne accorge prima di tutti un giornalista molto intelligente, Walter Tobagi, che in un servizio pubblicato sul *Corriere della Sera* nel 1979 scrive che con la «italsiderizzazione» a Taranto è nata una nuova figura, quella del «metalmezzadro». È lui, sostiene Tobagi, «il vero protagonista sommerso» perché è un dipendente Italsider che risiede nei comuni della provincia e che una volta terminato il proprio turno in fabbrica torna a casa a lavorare la terra, quella di sua proprietà o quella che coltiva con un contratto di mezzadria.

Tobagi vide giusto. Il metalmezzadro sopravviverà alla crisi degli anni Ottanta non solo perché non perderà la sua identità e la sua cultura, ma anche perché avrà nel reddito agricolo una fonte di sostegno "alternativa" al salario dell'industria. Mentre per chi vive di sola Italsider e abita a Taranto sarà tutto molto più difficile: quelli che non verranno assorbiti dal settore terziario dovranno emigrare, come vent'anni prima i loro genitori.

Dieci anni dopo l'articolo di Walter Tobagi, il primo gennaio 1989, la Finsider viene messa in liquidazione e al suo posto nasce l'Ilva. Il numero dei dipendenti, intanto, tra prepensionamenti ed "esodi incentivanti", scende ancora. Dai ventunomila del 1980 si passa ai dodicimilaseicento del 1992, senza contare le ripercussioni forse ancora più gravi che colpiscono l'indotto e le piccole e medie imprese private che prendono appalti del siderurgico. Ancora qualche anno, e qualche vero o finto tira e molla, e l'Ilva sarà privatizzata.

È il 1995. A comprare l'Ilva è Emilio Riva, capo dell'omonimo Gruppo Riva. Prezzo, 1.460 miliardi di lire. Quattro soldi, dicono in molti. No, anche troppo, replica Riva. La controversia verrà risolta nel 2000 dalla Camera di Commercio Internazionale di Parigi, che stabilisce il prezzo finale di cessione in 1.408 miliardi di lire, esclusi gli interessi. La decisione, però, non convince nessuno: quella dell'Ilva sembra una tipica privatizzazione all'italiana, cioè una vera e propria svendita.

Riva con l'Ilva fa un mucchio di quattrini. L'acciaieria continua a prendere da Taranto molto di più di quanto non le dia. Lo "scambio" è ineguale. Non soltanto per la perdita di opportunità di sviluppo economico diverse dalla monocoltura dell'acciaio, ma anche, e soprattutto, per il sacrificio di vite umane – con percentuali di incidenti sul lavoro tra le più alte d'Europa – e per una contaminazione ambientale oltre ogni limite di guardia e in alcuni casi irreversibile.

È in questi anni che il disastro ambientale non viene più percepito come qualcosa di "separato" dalla salute della gente, anche di quella che non lavora nell'industria, ma viene riconosciuto come causa di malattie e di morte. Lo sanno tutti, ma non lo dice nessuno.

Nei primi anni Novanta, mentre all'estero le acciaierie si dotano di propri laboratori per misurare la diossina, in Italia, che pure ha avuto Seveso, e a Taranto, che pure ha l'acciaieria più grande d'Europa, si stenta a misurare persino il biossido di carbonio e addirittura, come vedremo, si falsificano i risultati di quei pochi rilievi che si riescono a fare.

A Taranto, in questi anni, ci si ammala e si muore sempre di più, mentre i politici e i sindacati, "dialoganti" con la grande industria anche quando questa esala fiati assassini, tacciono ciò che sanno, non osano chiedere ciò che ignorano, non esigono spiegazioni su ciò che vedono.

Far finta di nulla però è impossibile. Ma chi può alzare la voce su questi temi, a Taranto, senza che dal solito armadio non venga tirato fuori il solito scheletro che lo convinca a lasciar perdere? Nessuno. Ma c'è qualcuno che su questo fronte non ha nulla da perdere. È un "uomo nuovo" della politica locale, Giancarlo Cito, "il telepredicatore", che dagli schermi di *Antenna Taranto 6*, la sua tv-partito, attacca tutti, anche la grande industria e l'Ilva sui temi ambientali. Al di là dei guai giudiziari che lo travolgeranno, e nonostante l'uso politico-elettoralistico di questi temi, Cito tocca corde che in questo momento, rispetto al passato, sono corde sensibili. Poi non farà nulla di ciò che aveva promesso per obbligare davvero l'Ilva a cambiare strada, ma di ambiente e salute, almeno nelle campagne elettorali, da allora in poi saranno costretti a parlare tutti.

Dopo Cito, toccherà a un altro "volto nuovo", Rossana Di Bello. Transitata dai Ds a Forza Italia (ma tanto è lo stesso, non se ne accorge nessuno), Di Bello alza il tiro. A parole, sull'Ilva non la batte nessuno. E infatti, eletta sindaco, Di Bello darà il meglio di sé. Sempre a parole però. Invoca «una Taranto pulita, legata al mare, alla pesca e a tutte quelle attività che sposano le vocazioni naturali del territorio, una Taranto da reinventare su un modello di sviluppo ecosostenibile». Parla di progetti di riqualificazione paesaggistica e di nuove opere di urbanizzazione, fa la spola con Roma per incontri con l'Ilva e con il governo, presenta persino la Stu, la Società di trasformazione urbana, una santa alleanza tra Comune, privati e Cassa depositi e prestiti, che entro dieci anni dovrebbe far tutto.

Belle le parole della Di Bello. «Chi continua a sostenere che non c'è un futuro senza l'Ilva dovrà ricredersi» dichiara Rossana nel 2001. «Questo pacchetto di progetti valorizzerà le risorse già esistenti, trasformerà le aree inutilizzate o degradate in zone di carattere commerciale, di fruizione pubblica, in opere destinate allo sviluppo armonico delle attività legate al mare: centri direzionali, attività retroportuali e di logistica, ristrutturazione dell'esistente e riqualificazione dei paesaggi: quello che Taranto aspettava da anni.» Alè. Evviva. Finalmente. Peccato però che mentre il sindaco Di Bello declamava i testi del suo paroliere, il Comune di Taranto andasse in rovina, fino a dover dichiarare bancarotta per un miliardo e 200 milioni di euro, il più grande crack finanziario che un Comune italiano abbia mai fatto registrare in tutta la storia della Repubblica. I fumi e i veleni del polo industriale, naturalmente, hanno continuato a disegnare come sempre la forma delle nuvole in cielo.

IL COLLASSO DEL COLOSSO

È archeologia cinematografica, ormai, ma rende bene l'idea. Il film *Il colosso di Rodi*, di Sergio Leone, esce proprio nel 1961, l'anno di inaugurazione del quarto centro siderurgico d'Italia, a Taranto. Nessuno, com'è noto, ha mai potuto provare l'esistenza di quell'enorme statua, tra le cui gambe le navi sarebbero entrate e uscite dal porto di Rodi. Quella del film è solo una delle tante, fantasiose ricostruzioni. Il colosso di Taranto, invece, esiste davvero e si chiama Ilva. Anche se a differenza del film non ci sarà bisogno di aspettare altri cinquant'anni per giudicarlo un esempio riuscito di archeologia industriale. Lo è già adesso. Lo era già vent'anni fa.

Innanzi tutto le dimensioni. Gigantesche. Eccessive. Impianti come quello di Taranto, nei paesi più evoluti, sono stati abbandonati o sono in via di dismissione. Un'Ilva potrebbe ancora andar bene in Cina o in India (tra i maggiori acquirenti dell'acciaio italiano), che sono paesi in via di sviluppo con un grande fabbisogno di acciaio, dove l'industria primaria è tutto o quasi. Ma per l'Italia no, un impianto *monstre* come questo è fuori luogo, non andava bene nemmeno negli anni Sessanta, quando fu concepito, perché in quegli anni l'Italia non era un paese sottosviluppato e affamato di acciaio e non c'era nessuna guerra alle porte che giustificasse la produzione di cannoni e armamenti.

«L'Ilva di Taranto non è grande, è sproporzionata» mi dice un tecnico che ha lavorato a lungo in diverse acciaierie europee e che preferisce l'anonimato, altrimenti in Italia non lo fanno più lavorare. Le sue parole fanno riflettere su quanto l'Italia sia indietro. «Sono i rottami di acciaio» dice «che misurano il grado di evoluzione di un paese. In Svezia, Norvegia, Danimarca, quella dell'acciaio è prevalentemente un'industria della rottamazione».

Ma l'Italia non importa acciaio? «Sì» risponde lui «il fabbisogno interno però non c'entra nulla. La ragione è un'altra. L'acciaio che importiamo è di ottima qualità, mentre quello che produciamo qui da noi non è ai quei livelli e lo esportiamo in paesi che ne hanno un grande bisogno per le loro infrastrutture. Anche a Trieste [l'acciaieria di Servola, n.d.a.], per esempio, ormai più che acciaio si produce ghisa».

Per abbracciare l'Ilva con un solo colpo d'occhio bisogna guardarla dalla campagna di Statte. Il paese alle spalle e a una distanza di un chilometro, non di più, dall'acciaieria. Da sinistra a destra, si distinguono il camino E 312, il più alto dei duecentoquindici camini industriali con i suoi 220 metri d'altezza, i due impianti di agglomerazione, l'altoforno numero 5, l'acciaieria 1 e l'acciaieria 2, che è quella nuova, e subito dopo la raffineria Eni.

Ma per vedere tutto, o quasi, bisogna ingegnarsi. Occorrono un paio di scarponcini da montagna, un binocolo e un certo sforzo fisico. Proprio il contrario delle "visite guidate" che si fanno fare ad assessori, parlamentari, giornalisti, ministri o membri di delegazioni varie, tutti in giacca e cravatta e con il casco di protezione in testa, accompagnati dai dirigenti dello stabilimento che dicono e spiegano ciò che vogliono loro.

Per vedere davvero tutto, o quasi, bisogna farsi accompagnare da chi l'Ilva ce l'ha nel sangue (in tutti i sensi, purtroppo) e non in banca, sotto forma di azioni o di utili. E bisogna inerpicarsi su uno degli impervi cocuzzoli artificiali che sovrastano da un lato il quartiere Tamburi e, dall'altro, la superstrada per Brindisi e gli stabilimenti dell'Ilva. Sono le famose "collinette ecologiche" che dovevano fare da salvavita per il Tamburi, separandolo dall'acciaieria. Un'altra maniera, per guardare dentro la pancia dell'Ilva, non c'è. Lo stabilimento è più blindato di un carcere di massima sicurezza. Entrarci eludendo i controlli è impossibile e chiedere di visitarlo, tanto più se si è un ospite, diciamo così, ingombrante, significa accettare di fare una visita finta. Dall'alto della collinetta, invece, se ne scoprono di cose.

Oltre a quelle già viste dalla campagna di Statte, da qui si notano i cinque altiforni, le dodici batterie (le cokerie) in cui si produce il coke metallurgico – indispensabile per alimentare gli altiforni –, le due linee di agglomerazione, i due laminatoi a caldo, i due laminatoi a freddo, i due tubifici – uno longitudinale e l'altro elicoidale –, una fabbrica di ossigeno, gli insediamenti portuali, le cave, la discarica interna, che si chiama chissà perché "Mater Gratiae", e poi i parchi minerali, vere e proprie montagne di polveri di ferro a cielo aperto, alte anche venti metri, che occupano una superficie di decine di ettari. Anche se non c'è vento, la sola movimentazione del minerale, che dev'essere trasportato nelle torri di stoccaggio e poi negli altiforni, fa sollevare nuvole di polveri immense. Si vedono anche le gru bivalenti, alte, imponenti, che operano a 360 gradi, per movimentare il minerale in entrata e in uscita, tra le cokerie e gli impianti di agglomerazione. Un miglioramento tecnologico, quelle gru bivalenti, senza dubbio, che però vien fatto passare come un'opera di "ambientalizzazione".

Ma le polveri, nere, rossastre, grigie, bluastre, non si intimidiscono. Conquistano lo stesso l'alta quota e veleggiano tranquille verso la città, non solo sul Tamburi. Cosa può fare un solo idrante come quelli usati in agricoltura, con il suo pur potente getto d'acqua, per "ammaccare" quelle polveri? Non può far nulla. E infatti, non fa nulla.

Eppure, come vedremo, sono trent'anni che si parla di quei "parchi". Ci sono stati anche processi e condanne, ma tutto continua come prima. A Taranto ne sono convinti: l'Ilva non farà mai nulla per cambiare davvero registro e continuerà ad andare avanti così fino a quando gli impianti reggeranno. Fino al collasso del colosso. A meno che qualcuno, e cioè lo Stato, non la obblighi a fare ciò che dovrebbe. Ma dov'è questo qualcuno?

EMISSIONI E OMISSIONI

Quindici pagine di descrizioni, grafici, tabelle. Per spiegare come fumi e polveri dell'Ilva uccidevano operai e tecnici e ammorbavano interi quartieri di Taranto, ridotti a periferie della fabbrica. Ma anche quindici pagine di ammonimenti, corredati persino da una tabella sulle morti attese, per far capire che se non si correva subito ai ripari, quei noti killer, gli idrocarburi policiclici aromatici e il benzoapirene, avrebbero continuato a uccidere. Non come prima. Ma più di prima, poiché il rischio aumentava con la durata dell'esposizione. Come nei film di spionaggio, quel "dossier" venne lasciato da una mano anonima in una cassetta della posta, all'indirizzo dei soliti quattro gatti coraggiosi rimasti a difendere, con le loro associazioni indipendenti, la salute di Taranto. Era il 20 febbraio 2001. Ma il fascicolo, un rapporto dell'Asl Taranto/4, era datato 8 aprile 1995.

Quella ricerca, coordinata dall'oncologo Mariano Bizzarri, docente all'università di Roma, venne consegnata anche ai magistrati. Diceva che a causa dei fumi e delle polveri killer dell'Ilva e delle altre industrie, i morti per neoplasie a Taranto, dal 1971 al 1990, erano passati da 284 a 454. Quasi il doppio. Per neoplasie polmonari, invece, diceva sempre quella ricerca, il numero dei morti ogni centomila abitanti, nello stesso periodo, era passato da 59 a 137. Più del doppio. E nel macabro calcolo mancavano i decessi avvenuti lontano da casa, negli ospedali di altre città, soprattutto del Nord, dove finivano i viaggi della speranza di chi aveva consumato la sua vita in fabbrica.

Quando venne fuori quella ricerca, nemmeno fosse un dossier top secret, le associazioni presentarono in consiglio comunale un documento intitolato «La strage», a cui allegarono anche l'elenco, con nomi e cognomi, delle ultime vittime note, 25 morti in otto anni, dal 1990 al 1998. Quel giorno, in consiglio comunale, giunse anche la testimonianza di un ragazzo, Cesare Colella, che aveva da poco perso il papà per cancro, a soli 57 anni. «Mio padre ha fatto il gruista per ventisette anni, scaricava minerali al porto» raccontò Cesare. «Prima di morire, gli avevano riscontrato un'antracosi polmonare, cioè una diffusa presenza di polveri nei polmoni, ma secondo l'Inail non c'è un nesso di causa ed effetto tra il lavoro che faceva e la malattia che l'ha ucciso. Ora, è vero che papà è morto e nessuno potrà restituirmelo. Ma non possono prenderci in giro così. No, questo è troppo.»

In quel dossier venuto alla luce con tanto ritardo si sosteneva che «il massimo contributo all'inquinamento proviene dalle emissioni industriali: traffico e riscaldamento civile inquinano cento volte meno, quanto ad anidride solforosa, e dieci volte meno quanto a ossido di azoto».

Ce n'era abbastanza affinché l'inchiesta aperta dalla procura di Taranto riguardasse non solo reati di imbrattamento, danneggiamento di bene pubblico, violazione delle norme sulla prevenzione delle malattie professionali. Ma diventasse un'inchiesta per strage colposa. Com'era avvenuto per le morti nei petrolchimici di Brindisi e di Venezia. Tanto più che la situazione di Taranto veniva unanimemente giudicata la peggiore.

E ce n'era abbastanza affinché, il 6 febbraio 2001, anche il sindaco Rossana Di Bello, che non aveva risparmiato proclami sui temi ormai drammatici della salute e dell'ambiente, firmasse un'ordinanza di chiusura delle batterie 4, 5 e 6 dell'Ilva.

«Mi tremava la mano quando ho dovuto firmare le ordinanze» disse il sindaco. «Ma sono convinta di aver fatto la cosa giusta, perché siamo in una nuova era, in cui non si può più barattare la salute con il lavoro. L'Ilva deve adeguarsi. Altrimenti deve risponderne.»

«Spinsi io il sindaco a fare quell'ordinanza. Quando lessi le cose che ci aveva scritto il Presidio multizonale di prevenzione, le dissi che doveva muoversi subito» racconta oggi Pino

Merico, che è stato per un anno assessore all'Ambiente con la giunta Di Bello.

Merico dice che proprio quella sua insistenza per la chiusura delle batterie inquinanti segnò la fine della sua esperienza da assessore. Ma, racconta, lui è un medico pediatra, e non poteva minimizzare o far finta di nulla. «Anche perché» dice Merico «prima dell'ordinanza di chiusura firmata dal sindaco, tutti sapevamo che all'Ilva c'erano state almeno venti ispezioni del Dipartimento di prevenzione dell'Asl che non avevano portato a nulla. D'altra parte, erano ispezioni che consistevano nella compilazione di schede a cura della stessa Ilva e in cui noi avevamo trovato anche valori alterati».

Ricostruire in che modo si arrivò a un atto di "discontinuità" come quello della chiusura delle batterie è importante non tanto per stabilire di chi sia il merito di quell'atto, quanto per capire come mai, dopo tutto questo, non sia accaduto nulla. Eppure, c'era stato il voto unanime di un consiglio comunale monotematico convocato in seduta straordinaria, che aveva deciso la chiusura della centrale termica 1 dell'Ilva e si era impegnato ad assumere iniziative concrete nei confronti degli altri due "mostri velenosi", la raffineria Eni e la Cementir. Eppure, il rapporto dell'Asl occultato per anni e ora in mano a tutti diceva chiaramente che Taranto «sconta anni di mancata esecuzione di controlli, sopralluoghi e rilevamenti prescritti dalla legge».

Un esempio clamoroso di questa assenza totale di controlli viene proprio, in quei giorni d'inverno del 2001, dal Presidio multizonale di prevenzione e dal suo "secolare" dirigente, dottor Nicola Virtù. Nel 1995, ai membri della commissione comunale Ambiente che avevano visitato lo stabilimento Ilva, il dottor Virtù dichiarava: «La situazione analitica ambientale della città è soddisfacente, come i risultati analitici relativi ai reflui dello stabilimento».

Il responso fece infuriare molta gente, ambientalisti e non, e consigliò all'allora dirigente dell'Usl, Nunzio Leone, di destinare ad altro incarico il dottor Virtù per incompatibilità: il capo del Presidio di prevenzione, infatti, era anche presidente della Imcor, una società fornitrice dell'Ilva, anch'essa come le altre industrie sottoposta al controllo del Presidio di prevenzione. Ma Virtù, un osso duro, querela Nunzio Leone e un altro suo "nemico", Fabio Matacchiera, presidente dell'associazione a difesa del mare Caretta-Caretta. I due finiscono sotto processo. Anche Virtù finisce sotto processo – «per il forte conflitto di interessi tra i suoi compiti istituzionali e l'attività privata», scrivono i carabinieri – ma le indagini a suo carico vengono archiviate. Mentre Leone va a giudizio immediato e viene assolto.

«In quell'occasione» ricorda Leone «denunciai all'autorità giudiziaria anche il fatto che le apparecchiature di laboratorio del Presidio erano state sabotate, la memoria dei computer di gestione [dei dati inquinanti, n.d.a.] era stata cancellata e che erano stati distrutti materiali di archivio consistenti in migliaia di referti di analisi effettuate. Ma non mi risulta che si sia mai indagato su questo». Eppure, persino le rilevazioni certificate per la prima volta dal dottor Virtù nel novembre 2000, per intenderci quelle che nel febbraio 2001 permetteranno al sindaco Di Bello di emanare la sua ordinanza, furono eseguite con un sistema singolare: non su carta o su disco, ma solo "visivamente", su uno schermo, che le memorizzava appena per 48 ore per poi cancellarle definitivamente. E infatti oggi non esiste alcuna banca dati di quei monitoraggi.

Qualche tempo fa, il dottor Nicola Virtù, che considerava soddisfacente la situazione ambientale della città, è morto di cancro. Nessuna legge del contrappasso, per carità. Soltanto una coincidenza. Ma che fa riflettere su un ragionamento che a Taranto, sulla morte per cancro, si sente fare spesso e che si conclude quasi sempre così: no, a me non capiterà mai.

C'è anche un'altra cosa che in questa storia di emissioni e omissioni fa riflettere molto. Riguarda i motivi che hanno spinto i sindacati, tutti i sindacati, di destra e di sinistra – Cgil, Cisl, Uil, Cisnal, Confsal, Cisal – a tenere nascosto quel rapporto per così tanto tempo e a non muovere un dito.

Omissioni di chi sapeva, e va bene. Ma perché omissioni, ecco la cosa forse più triste, anche da parte di chi aveva il ruolo "naturale" di difendere i lavoratori? I sindacati, di quel rapporto, non hanno mai fatto parola. Eppure risultava protocollato, con relativo timbro, alla Camera del Lavoro-Cgil: numero 0651, 14 aprile 1995. E con le stesse formalità lo avevano ricevuto anche le segreterie provinciali di tutti gli altri sindacati.

Non bastarono nemmeno quelle cifre dell'altro mondo, come le "punte" di 137 mila nanogrammi di benzoapirene – il valore-soglia per persona è di un nanogrammo, cioè un miliardesimo di grammo – respirati dagli addetti ai coperchi della cokeria, a far insorgere i sindacati. E nemmeno li scandalizzò la foto di un operaio, scattata clandestinamente e che poi fece il giro del mondo, che senz'alcuna protezione puliva con una scopa ciò che avrebbe dovuto essere ripulito da una macchina.

Il sospetto era già forte prima. Adesso, lo è ancora di più. Quanti sindacalisti e quanti politici potrebbero essere in qualche modo "legati" all'Ilva? Non solo attraverso società appaltatrici (come la Imcor del dottor Virtù), ma proprio come azionisti, come veri e propri soci, a volte anche occulti? Questo però è solo un sospetto, non c'è niente finora che possa provarlo. Anche se una cosa è certa. Le emissioni sono di fumo. Le omissioni no.

DAVOS, TARANTO, KYOTO A 150 MILA (EURO) ALL'ORA

A gennaio 2007, al World Economic Forum di Davos, in Svizzera, si discute di emissioni venefiche, protocollo di Kyoto, energia, clima. E quindi si parla anche di Taranto e dell'Ilva, che con 10,5 milioni di tonnellate di biossido di carbonio vomitate nell'aria ogni anno e 7 chili annui di polveri pro capite è il secondo "grande inquinatore" italiano. Il primo, per CO_2, è la centrale Enel di Brindisi-Cerano, con 15,8 milioni di tonnellate, e il terzo la centrale termoelettrica di Taranto, con 9 milioni.

A Davos, nel 2007, c'è un'aria diversa dal solito e infatti tiene banco soprattutto un argomento: c'è una nuova via allo sviluppo e agli affari "puliti"? A chiederselo sono proprio le multinazionali protagoniste di tanti affari sporchi. Multinazionali che sembrano avere, almeno così dicono, un'altra consapevolezza e non assolvono né il capitalismo né se stesse, ma cercano di progettare un futuro diverso "perché conviene a tutti". A Davos accade una cosa nuova. Sono le grandi corporation a chiedere a George W. Bush, e cioè al presidente di quegli Stati Uniti che non hanno firmato il protocollo di Kyoto, di "fare di più".

A Taranto, Europa del Sud, invece, le cose vanno molto diversamente rispetto a Davos.

A Taranto, il patron dell'Ilva, Emilio Riva, si arrabbia quando apprende che in base al Piano per le emissioni di anidride carbonica presentato dall'Italia a Bruxelles, anche l'Ilva deve rispettare le quote di CO_2 previste dal protocollo di Kyoto.

A Taranto, Emilio Riva non vuol sentir parlare di quest'obbligo giapponese che prevede la riduzione del 20 per cento delle emissioni. E allora scrive al premier Romano Prodi, ai ministri del suo governo e al governatore pugliese Nichi Vendola.

Meno CO_2 significa meno produzione, dice Riva, e quindi «riduzione del personale di almeno 4.000 unità». Eccolo lì. Fine di Kyoto. E ritorno al paleocapitalismo industriale. Altro che Davos. Per giunta, in una città che ha la più ampia "forbice" in Italia tra emissioni civili e industriali (7 e 93 per cento), che è stata dichiarata «area a elevato rischio di crisi ambientale» e che è all'ultimo posto per «qualità ambientale». Sul caso Ilva, i governi centrale e regionale «hanno coperto le spalle a Riva e gli hanno consentito di inquinare di più», dicono i sindacalisti più combattivi e tutto il mondo dell'associazionismo ambientalista. E in effetti il governo (nel 2007 di centrosinistra) promette a Riva che le quote di emissione per la siderurgia non saranno abbassate e che si cercherà di «compensare» da qualche altro settore. Con il rischio, che poi si avvererà, che Bruxelles bocci il Piano italiano. Anche perché, chiusa Cornigliano (Genova), Taranto aumenta la produzione di acciaio (e quindi le emissioni) di 2,5 milioni di tonnellate. Tutti coloro che a un nuovo orientamento in tema di ambiente e salute "ci avevano creduto", si arrabbiano. È la prima scollatura tra la giunta regionale pugliese "rossoverde" guidata da Vendola, che in campagna elettorale aveva cavalcato i temi ambientali, e i suoi elettori e simpatizzanti. Dopo l'ex sindaco di Taranto Rossana Di Bello (centrodestra) e l'ex presidente della Provincia Giovanni Florido (centrosinistra), che nel 2004, nel processo in cui l'Ilva era stata condannata per inquinamento, avevano ritirato le costituzioni di parte civile, ecco che Vendola fa ciò che nemmeno l'ex "governatore" pugliese Fitto (Forza Italia) aveva osato fare. Fitto non aveva autorizzato l'Ilva a costruire una terza centrale termoelettrica da 150 megawatt, mentre Vendola ne permette una da 600 megawatt. Eppure "i nuovi" avevano promesso una drastica riduzione di emissioni di CO_2 da fonti energetiche tradizionali. Ma chi si ricorda più dei comizi della campagna elettorale. Adesso Vendola usa tutto un altro registro e dice che «l'Ilva, nel protocollo d'intesa con la Regione, ha dimostrato la volontà di investire risorse cospicue nei propri impianti».

Nessuno può dire a quanto corrisponda effettivamente l'aggettivo «cospicue» riferito alle «risorse» da investire. Ma tutti sanno che gli impianti vanno riconvertiti. Soltanto per questa strada si potrebbero ridurre le emissioni dal 30 addirittura all'85 per cento. Ma per riconvertire occorre fare sul serio. Ci vogliono i soldi, tanti soldi. L'Ilva ce li ha, ma non vuole tirarli fuori, nonostante gli utili record (il 2007 è l'anno degli 878 milioni di utile) e l'incentivo di un miliardo di euro che l'Unione Europea è pronta a stanziare. Ma tutto questo non desta scandalo, anche perché stampa e tv lo spiegano poco e male, e così l'Italia, invece di aggiustare i suoi impianti, "aggiusta" gli impegni di Kyoto.

Si crede furba, l'Italia. Invece dimostra ancora una volta tutta la sua stupidità. Perché, per fare un piacere all'Ilva e non subirne il ricatto occupazionale, lascia che venga superato il limite di produzione di biossido di carbonio imposto dal protocollo di Kyoto e, per questo, dovrebbe pagare – o meglio, tutti noi dovremmo pagare – una multa di un miliardo e 314 milioni di euro all'anno, cioè 3 milioni e 600 mila euro al giorno, cioè 150 mila euro all'ora. E la tendenza è sempre verso l'alto. Le previsioni per il 2012 parlano di un superamento dei limiti di ben 128 milioni di tonnellate.

Eppure, dopo il processo per le polveri dei parchi minerali, c'era stato anche quello sulle emissioni inquinanti delle cokerie. Conclusosi con una sentenza di condanna proprio nei «giorni di Davos».

Il presidente dell'Ilva, Emilio Riva, e il direttore dello stabilimento, Luigi Capogrosso, in quest'altro processo sono stati condannati anche in secondo grado dalla Corte d'Appello di Lecce, rispettivamente a due anni e a un anno e otto mesi di reclusione. Per Riva e Capogrosso sono state confermate le accuse di getto pericoloso di cose, danneggiamento aggravato e omissione dolosa di cautele contro gli infortuni sul lavoro. L'altro reato per il quale Riva e Capogrosso erano stati condannati in primo grado, è cioè l'inosservanza dei provvedimenti dell'autorità giudiziaria, è invece caduto in prescrizione. Assolti per non aver commesso il fatto Claudio Riva, ex rappresentante legale dell'azienda, e Roberto Pensa, dirigente del reparto cokerie, anche loro condannati in primo grado. Alla Uil provinciale e a Legambiente, costituitesi parte civile, è stato riconosciuto il risarcimento danni. Il processo ora è in Cassazione.

L'inchiesta della procura di Taranto cominciò l'11 settembre 2001, con il sequestro preventivo di due coppie di batterie del reparto cokerie dell'Ilva: la 3 e la 4, avviata nel 1964, e la 5 e la 6, avviata nel 1970.

Nel processo di primo grado, condotto dal pm Alessio Coccioli, interviene anche Franco Sebastio, l'ex "pretore d'assalto", nel frattempo diventato procuratore aggiunto di Taranto. Sebastio non rinuncia al sarcasmo e mostra ai giudici, nella stessa aula in cui nel 1982 da pretore condannò l'Italsider, quello che definisce «un reperto archeologico», e cioè il fascicolo del procedimento penale «Inquinamento Italsider», risalente appunto al 1982.

Rispetto a ventiquattro anni prima, un quarto di secolo, non è cambiato nulla. Tanto che quelle carte, dice in sostanza Sebastio, andrebbero bene anche per il processo in corso, in cui si torna ad applicare il reato di «getto pericoloso di cose», anche se questa volta come reato permanente, poiché stiamo parlando di impianti industriali a ciclo continuo.

Dal procedimento avviato nel 2001, però, si scopre e si capisce anche molto altro. Per esempio, che «il problema delle cokerie è di dimensioni enormi», come scrivono nell'atto di intesa la stessa Ilva e il Comune di Taranto, e che per risolverlo bisogna intervenire «in maniera quasi rivoluzionaria». Negli atti sottoscritti anche dagli imputati per tamponare i danni dell'inquinamento, dice Sebastio, si parla di interventi per 50 milioni di euro, cioè 100 miliardi delle vecchie lire. Soldi da impiegare per spostare il cimitero di Taranto, ormai diventato di colore rosa a causa di fumi e polveri. Per abbattere interi caseggiati. Per «deportare» in altri quartieri gli abitanti rimasti senza casa.

«Questi sono atti di confessione, che da soli ammettono e pacificamente riconoscono il danno arrecato alla città» dice il procuratore.

Anche sui parchi minerali Sebastio vuole aggiungere qualcosa. «Guardate» dice «che qui non siamo in presenza di un cumulo di sabbia o di terriccio, che messo lì, lì rimane. I fissanti, l'acqua, i collanti versati su queste montagne di minerali sono un semplice palliativo. Come le collinette ecologiche e la cosiddetta foresta urbana».

Ancora più stringente il ragionamento, sostenuto da perizie e controperizie, per l'abbattimento dell'inquinamento. Se ognuna delle quattro cokerie sequestrate avesse ridotto la produzione del 25 per cento, l'abbattimento dell'inquinamento sarebbe stato non del 25 per cento, ma di gran lunga superiore, e questo senza dover chiudere completamente gli impianti. In altri termini, il 25 per cento per ciascuna delle quattro cokerie sequestrate, equivarrebbe a un abbattimento delle emissioni equivalente a cento. Mentre il danno alla produzione, sul totale delle dieci cokerie dell'Ilva, sarebbe stato equivalente alla chiusura di una sola cokeria.

La risposta dei dirigenti Ilva è sorprendente. «No. Preferiamo chiudere.» Come mai? La spiegazione la dà in aula Sebastio: «Evidentemente quegli impianti erano così fatiscenti che andavano rifatti. Non era più questione di tamponare e di rattoppare». E infatti, questo tipo di impianti necessitano, ogni dieci-quindici anni, del *refreshing*, cioè opere di manutenzione straordinaria. Mentre, dopo non più di venti-venticinque anni di funzionamento, occorre procedere al *revamping*, cioè a un risanamento strutturale completo. Cosa che per le coppie di batterie sequestrate non è avvenuto: per le batterie 3 e 4 il *refreshing* è arrivato dopo diciotto anni, mentre per la 5 e 6 non ci sono stati né *refreshing*, né *revamping*.

Il risultato, dicono le perizie, è «lo sprigionamento continuo e incontrollabile di emissioni gassose e fiamme», oltre alla dispersione di «migliaia di tonnellate all'anno di sostanze nocive, con grave impatto ambientale nel territorio interessato e gravi danni alla salute». Tutte cose ufficialmente note, purtroppo, fin dal 1984, quando l'Iarc, l'Agenzia internazionale per la ricerca sul cancro, individuò gli ipa, il benzene e le polveri di fossile prodotti dalle cokerie come sicuri cancerogeni per l'uomo.

Sono gli "atti d'intesa", però, che proprio non convincono né il procuratore, né il giudice. Se ne sottoscrivono quasi uno all'anno: gennaio 2003, febbraio 2004, ottobre 2006, solo per elencare i più recenti. Ma sono solo promesse, dice Sebastio, e se anche fossero impegni, riguarderebbero in ogni caso interventi che l'Ilva è tenuta a fare per legge. Invece nell'ultimo atto di intesa – udite, udite – si prevede che i 50 milioni di euro per tamponare i danni li sborsi, come contributo, la Regione Puglia. Un contributo a fondo perduto e con rinuncia a esercitare la facoltà di rivalsa. Regione Puglia? Chiamiamola Regione Ilva, facciamo prima.

Non solo. Quando si passa a discutere della concreta risoluzione dei problemi, si corre a nascondersi dietro la «impossibilità tecnica» di rimediarvi. Perché? «Costano troppo», è la risposta. «Basta leggere le perizie» dice Sebastio. «Le soluzioni tecniche ci sono. Certo, costano. Anzi, sono costosissime. E allora? C'è un diritto, nella nostra Costituzione, che è assoluto e non accetta contemperamenti e limitazioni, ed è il diritto alla salute, e quindi alla vita.»

Il principio viene affermato anche nella sentenza di primo grado, dal giudice Martino Rosati. «Piaccia o meno, per la nostra Costituzione, e vieppiù per la legge penale, la salute dei lavoratori viene prima del profitto dell'azienda e va tutelata anche a discapito di questo.»

Rosati parla senza mezzi termini di «atteggiamento padronale» dell'Ilva. L'acciaieria, scrive il giudice, è «per la quasi totalità» responsabile dell'inquinamento dell'area jonica, la più compromessa d'Italia. Eppure, non ha mai fatto nulla per rimediare allo stato di «insostenibile vetustà» delle batterie numero 3 e 6, che anzi sono state utilizzate «al di sopra dei regimi dalle stesse sostenibili».

Un'azienda all'avanguardia, l'Ilva? Ma quando mai, scrive Rosati. Oltre ad avere un atteggiamento padronale, l'Ilva si è comportata «in maniera maliziosa» nelle varie fasi della consulenza tecnica disposta dal magistrato – con frequenti fermate degli impianti e riduzione dei regimi operativi – e «in maniera proterva e sprezzante» nei confronti delle pubbliche autorità, in occasione del sequestro ordinato dal giudice e delle ordinanze emesse dal sindaco. Non solo. L'Ilva, continua Rosati, «come si evince dai vari atti d'intesa, si mostra anche disposta ad adottare gli accorgimenti dovuti in base alle norme e alla tecnica, ma soltanto se e quando quegli accorgimenti siano compatibili con le esigenze della produzione e del profitto. A meno che, è il corollario che fa da *pendant*, non si vogliano sacrificare i già precari livelli occupazionali dell'area». Un modo più elegante per dire: a meno che non si voglia subire il ricatto dei licenziamenti.

Ma al processo c'è stato anche chi ha difeso l'azienda. Uno solo. Un operaio. L'unico che, tra tutti quelli sentiti, ha conservato il posto di lavoro. Il testimone ha raccontato di una situazione buona, persino rosea, se confrontata con quella descritta dai suoi colleghi, e ha sottolineato la tendenza a un costante e netto miglioramento. Il teste, non è uno scherzo, si chiama Vipera. Di cognome, naturalmente.Tuttavia il tempo passa e, dopo la condanna di primo grado, la prescrizione ha inghiottito i reati.

Resta un ultimo punto. Fin qui il discorso ha riguardato la necessità di intervenire per limitare i danni «in futuro». Ma per i danni già causati? Ecco come si è regolato il gruppo Riva: qualche fontanella nuova regalata al cimitero e promessa di tinteggiatura delle facciate di alcune scuole.

Taranto come l'Eritrea ai tempi delle guerre coloniali.

LA TESTA DEL DRAGO

È una torre alta duecentoventi metri. È la ciminiera più alta di Taranto e sputa tre milioni di metri cubi di fumi e polveri ogni ora. È il camino E-312, quello che incute più timore di tutti e che i tarantini guardano con maggiore soggezione, perché è considerato la testa del "drago".

L'E-312 fa parte dell'impianto di agglomerazione. Si è sempre parlato male di lui, e con ragione, perché soffia nuvole di diossina, ipa, pcb e molto altro. Ma nessuno immaginava, almeno fino alla fine del 2008, che da quella torre fumaria potessero fuoriuscire sostanze radioattive. Piombo e polonio, per la precisione, veicolati dalle polveri che ne sono impregnate. Sia le polveri trattenute dagli elettofiltri, sia quelle che finiscono nell'ambiente circostante.

L'abbiamo paragonata a tanti altri luoghi del globo, Taranto, e adesso ci è rimasto soltanto un luogo della fantasia, Springfield, la città dei Simpson, il cartoon di maggior successo degli Stati Uniti.

La gente di Springfield somiglia a quella di Taranto perché convive con la minaccia quotidiana della contaminazione nucleare con il sorriso sulle labbra, saltellando dal cinismo al fatalismo, dall'ironia al sarcasmo, dalla beata ignoranza all'inconscia consapevolezza. Mancavano i contorni della spy story. Eccoli serviti. A Taranto, il rischio radioattivo porta i nomi del piombo 210 e del polonio 210, sì, proprio la sostanza con cui nel 2006, a Londra, un killer avvelenò Aleksandr Litvinenko, l'ex agente del Kgb che Vladimir Putin avrebbe deciso di far eliminare e che l'infallibile polonio 210 uccise nel giro di tre settimane.

Come per la diossina, ancora una volta a lanciare l'allarme sono le associazioni. L'Ail, Peacelink, Taranto sociale, il Comitato per Taranto. Come per la diossina, si arriva a "scoprire" il pericolo radioattività soltanto dodici anni dopo che è stato rilevato, e affrontato, all'estero. Come per la diossina, nessuno ci crede fino al momento in cui qualcuno non va a controllare. Ma a differenza di quanto accaduto per la diossina, adesso a chiedere ufficialmente controlli immediati per la radioattività non sono soltanto le associazioni indipendenti, ma anche i tecnici dell'Arpa, l'Agenzia regionale di protezione ambientale, che, anche questo si scopre soltanto oggi, finora aveva "controllato" i camini dell'acciaieria Ilva attraverso un collegamento online il cui elementare software è gestito dalla stessa Ilva.

L'Arpa, che è sempre un organismo di nomina politica, i cui dirigenti, non va mai dimenticato, restano in carica fino a quando chi li nomina non decide di mandarli a casa, capisce di aver toccato, dopo la diossina, un altro argomento esplosivo. E così cerca di minimizzarne la portata, abborracciando un tardivo comunicato in cui dichiara di non aver mai chiesto controlli della radioattività. In realtà, un tecnico dell'Arpa li ha chiesti e ha anche fatto protocollare il documento. Ma certe cose è meglio che non si sappiano in giro. Nemmeno a Springfield avrebbero saputo essere più chiari.

Per il polonio e il piombo radioattivi, accade esattamente ciò che era accaduto per la diossina. Se non si fosse mossa quella parte di società civile più sensibile e disinteressata, non si sarebbe mosso nessuno, nemmeno l'Arpa. E infatti, se diamo un'occhiata all'estero, per esempio in casa di due giganti dell'acciaio come l'inglese Corus e la cinese Baosteel, notiamo che queste aziende si sono dotate di propri laboratori per misurare le emissioni di diossina fin dal 1994, quando in Italia si faceva finta di niente. Le Agenzie regionali di protezione ambientale, una per ogni regione, queste cose le sapevano, come sanno un sacco di altre cose per tutti gli altri "inediti" scandali in materia ambientale che ogni tanto emergono.

Un'ulteriore prova di quanto stiamo affermando è nella dura presa di posizione, che non è di oggi, di Corus e Baosteel nei confronti dell'Italia. Le due aziende, ma non solo loro, anche in convegni internazionali, hanno sempre rimproverato agli italiani di produrre in condizioni di concorrenza sleale, «come si fa nel Terzo Mondo». Certo, nessuno crede alla befana, e quindi nessuno pensa che Corus e Baosteel abbiano voluto tutelare la salute e salvaguardare l'ambiente. Più logico intravedere ragioni di competizione commerciale, dietro certe nobili affermazioni. Ma questo non cambia la sostanza delle cose. Ciò che conta è che Corus, nel 1996, appena comprese che c'era un rischio di radioattività avvertì il governo inglese: «Abbiamo un problema di radioattività» scrisse Corus. Il governo misurò, riscontrò la radioattività e obbligò Corus a ridurla ai minimi termini, pena il mancato rilascio dell'Aia, l'autorizzazione integrata ambientale, senza la quale si chiude. In Italia, nulla di tutto questo. Eppure, per produrre l'agglomerato – il "combustibile" degli altiforni, da cui poi si formano il piombo 210 e il polonio 210 – viene utilizzata la stessa "miscela" di minerale ferroso e uranio 238. Più di ogni altra considerazione, sull'argomento vale la lettera aperta sottoscritta da tutte le associazioni di Taranto, ventiquattro, del 31 ottobre del 2008. Eccola, in versione integrale.

> «Gentile ministro, gentile governatore, la recente polemica sulla questione della diossina non riteniamo che serva a risolvere la questione ambientale a Taranto. Se guardiamo infatti al passato, nessuno schieramento politico esce indenne da colpe. Potremmo fare un lungo e dettagliato elenco di gravi omissioni e ingiustificati ritardi dell'una e dell'altra parte. Noi preferiamo pertanto guardare al futuro e giudicarvi per ciò che farete da oggi in poi. Vi invitiamo a competere non nel lanciarvi accuse ma nella soluzione del problema. Vi diciamo questo: chi risolverà il

problema diossina a Taranto acquisirà un merito indiscusso e lascerà una traccia duratura. Ve n'è abbastanza per cambiare approccio: per mostrare le proprie virtù e la reale funzione di servizio ai cittadini.

«Vogliamo capire chi da ora in poi, con umiltà e senso di responsabilità, saprà ridurre le emissioni inquinanti, tutelare la salute pubblica e sanare le gravi omissioni che entrambi gli schieramenti politici hanno accumulato. Sia il governo Berlusconi sia il governo Prodi potevano abbassare il vergognoso limite di diossina di 10.000 nanogrammi a metro cubo, ma nessuno dei due governi ha mosso un dito. Questa è la verità che non dice nessuno e che noi possiamo dire a voce alta perché siamo al di fuori della competizione politica.

«Oggi non ha senso trovare un colpevole perché colpevoli sono entrambi. Se ci avvitiamo nel botta-e-risposta della polemica politica non uscirà alcun vincitore ma avremo un solo perdente: la popolazione esposta alla diossina.

«Ma la ragione per cui vi scriviamo va a toccare una questione inedita e gravissima. Delineiamo una ipotesi ancora da verificare nei suoi inquietanti e reconditi aspetti. Ci riferiamo alla radioattività che a Taranto è ancora un tabù.

«Oggi vi scriviamo perché, da scrupolose ricerche scientifiche, emerge che dai "camini della diossina" può fuoriuscire anche radioattività. Ne sarebbe responsabile il processo di sinterizzazione in un impianto di agglomerazione.

«Il minerale di ferro trattato nell'impianto di agglomerazione contiene infatti tracce di uranio. Data l'enorme quantità di minerale di ferro trattata, l'uranio complessivo che entra in un impianto di agglomerazione acquisisce una significativa consistenza complessiva, tale da rilasciare isotopi radioattivi derivanti dal processo di sinterizzazione. Ci riferiamo in particolare alle acciaierie del Regno Unito dove hanno fatto una scoperta inquietante: dai "camini della diossina" può uscire una preoccupante quantità di Piombo 210 e Polonio 210, isotopi radioattivi derivanti dal decadimento dell'Uranio 238.

«Attorno agli impianti di agglomerazione britannici le misurazioni della radioattività hanno dato valori superiori alla soglia di rilevanza. Gli impianti britannici di agglomerazione sono tecnicamente classificabili nella stessa categoria in cui rientra anche l'impianto di agglomerazione dell'Ilva di Taranto. Il governo britannico è dovuto intervenire nell'Autorizzazione integrata ambientale del 2002 con prescrizioni per ridurre al minimo le emissioni di radioattività. Il governo britannico si è preoccupato della salute dei cittadini sia per la diossina sia per la radioattività prescrivendo limiti che in Italia non sono mai entrati in vigore. Limiti che, per la radioattività, devono essere ancora verificati con rigorose misurazioni scientifiche.

«Vi chiediamo pertanto di indagare per verificare la "ipotesi radioattività" che abbiamo qui formulato. Controllate se anche a Taranto vengano emesse polveri radioattive con Piombo 210 e Polonio 210.

«Non vi chiediamo l'impossibile ma solo di attivare quei controlli che il governo britannico ha adottato a tutela della salute dei suoi cittadini. Nel caso sia riscontrata la presenza di radioattività nell'ambiente sarà vostro compito prescrivere la migliore tecnologia per le riduzione delle polveri. Se fossero radioattive, esse sommerebbero al danno della diossina la minaccia di Chernobyl.

«Facciamo presente che la sola aggiunta dell'urea per ridurre la diossina non abbatte le polveri dell'impianto di agglomerazione. Nell'ipotesi che le polveri dell'agglomerato fossero contaminate da Piombo 210 e Polonio 210, l'aggiunta di urea non ridurrebbe l'impatto sulla città di tali "polveri radioattive" in quanto il loro ammontare totale rimarrebbe invariato: Piombo 210 e Polonio 210 sono infatti veicolati dalle polveri. Esistono oggi tecnologie capaci di tagliare di un decimo le emissioni di polveri dall'impianto di agglomerazione, di ridurre fino al 98 per cento le emissioni di diossine e furani e di tagliare fino al 95 per cento i metalli pesanti scaricati nell'atmosfera. Tali tecnologie agirebbero anche sulle eventuali emissioni di radioattività. Perché non applicarle subito anche in Italia?

«Ci sembra che le cose da fare per il futuro siano tante e importantissime. A noi cittadini non interessa se la diossina la toglierà il centrodestra o il centrosinistra. A noi non interessa se il Polonio 210 lo cercherà il governatore Vendola o il ministro Prestigiacomo.

«Sappiamo solo che, chiunque lo farà, acquisirà un prestigio e un rispetto indiscusso, che sovrasta la competizione politica. Chi saprà salvare i bambini di oggi dai tumori futuri, acquisirà un merito storico enorme. Giocatevi la carta della solidarietà umana. Avvicinatevi alle mamme, ai malati, a chi teme per la propria salute, guardate negli occhi la gente e mettete da parte ogni intento competitivo che non sia quello di agire per aiutarla. Agite subito al massimo delle vostre capacità esercitando al meglio il vostro potere. De Gasperi disse: "Il politico pensa alle prossime elezioni, lo statista alle future generazioni".

«Vi chiediamo di essere statisti e di accantonare ogni altro fine che non sia quello della salvaguardia delle future generazioni. Vi chiediamo: agite, agite subito! Non indugiate oltre! Garantiteci il diritto al futuro! Non acquisirà merito chi lancerà la maggior colpa sull'avversario ma chi avrà dimostrato di aver agito meglio di lui.

«Chi farà meglio riceverà il nostro ringraziamento. Chi non bloccherà i veleni sarà detestato dall'intera città».

Se non ci fossero state le associazioni, con le loro analisi "parallele" e autofinanziate, forse non avremmo mai saputo che dal camino E-312 fuoriuscivano 7 nanogrammi per metro cubo di diossina. Così è adesso per il piombo e il polonio. Ma per una certificazione ufficiale occorrono analisi "ufficiali", ovviamente fatte in modo corretto e in contraddittorio fra le parti.

L'Ilva però non ci sta. E attraverso Girolamo Archinà, ex operaio delle cokerie diventato portavoce dell'azienda, contesta i dati sulle emissioni, sostiene che è tutto in regola, che la campagna di ambientalizzazione è in corso e che «nei confronti di chi allarma la gente con notizie come quella del bambino di 13 anni malato di tumore come fosse un fumatore incallito per colpa della diossina, dovrebbe intervenire la procura della Repubblica».

L'Ilva che invoca l'intervento della procura della Repubblica è il massimo. Un'idea geniale per un'altra serie sui Simpson e sulla centrale nucleare di Springfield.

ALLARMISTI

Bisognerebbe andarci in gita scolastica. Ma è pericoloso, perché dopo qualche minuto il bruciore agli occhi e alla gola è insopportabile e gli odori sono troppo forti per le narici. Gli scarichi a mare della raffineria Eni sono un fiume impetuoso che alla fine del percorso solleva una nube di infinite goccioline, una nebbia che fa da velo all'orizzonte anche quando il cielo è terso.

Cosa c'è in quell'acqua scaricata in mare? Chi controlla che cosa finisce nello Jonio da quella postazione industriale? Nessuno. Sulla spiaggia, proprio accanto al canale di acque che si riversa in mare, c'è un rottame, una specie di roulotte senza ruote, fissata al terreno da quattro piedi di ferro. È stata completamente bruciata. Ne è rimasto soltanto lo scheletro. Ma è lì da anni e nessuno se ne occupa.

È, o meglio: era, o ancor meglio: avrebbe dovuto essere, una stazione di rilevamento e analisi delle acque scaricate in mare dall'Eni. L'ha costruita l'Alenia, prestigiosa società del gruppo Finmeccanica, come ancora si può leggere in un punto in cui non sono arrivate le fiamme, dove la scritta, sbiadita, dice: «Automatic water monitoring systems».

Anche la targhetta di metallo attaccata alla carcassa della stazione di monitoraggio ha resistito all'incendio ed è ancora leggibile. C'è scritto: «Attenzione. La stazione è dotata di sistemi di dotazione automatica di prossimità per attivare un sistema automatico di ripresa televisiva ad alta definizione che può operare anche nel periodo notturno». Ci fosse ancora Eduardo De Filippo, come *Sindaco del rione Sanità* emetterebbe un pernacchio che si sentirebbe fino a Roma e forse anche fino a Bruxelles. E sì, perché a queste condizioni non dovrebbe essere nemmeno immaginabile chiedere e ottenere l'indispensabile Aia, l'Autorizzazione integrata ambientale.

Però se l'Aia la danno all'Ilva, che non ha mai indicato i microinquinanti (benzene, benzoapirene, ipa) prodotti dall'acciaieria, perché l'Eni dovrebbe essere da meno? Questa è la logica con cui si ragiona in Italia. E infatti, quando le ventiquattro associazioni di Taranto chiedono all'Ilva, attraverso il ministero dell'Ambiente, di conoscere l'elenco analitico delle sostanze microinquinanti, l'Ilva lo nega, perché, sostiene, quell'elenco costituisce segreto industriale. Ma per ottenere l'Aia è obbligatorio dichiarare quante e quali emissioni cancerogene vengono prodotte. Altrimenti l'Aia non viene rilasciata e la fabbrica deve chiudere. Altro che segreto industriale. In Europa è così che funziona. A Taranto, no. In Italia, governo, parlamento, presidenti di regione, sindaci (che, non dimentichiamolo, in materia di salute pubblica hanno un grande potere) non ritengono di dover considerare l'inosservanza di questo obbligo fondamentale un motivo sufficiente per invalidare la procedura di rilascio dell'Aia.

Così fan tutti, no? E quindi anche la Cementir. Che produce cemento, dà il suo grande contributo di polveri nocive alla città ed è tra i pochi cementifici italiani a non dichiarare le emissioni di mercurio. Non sono informazioni segrete. Non è un dato scoperto attraverso un'inchiesta. È scritto sul sito web del ministero dell'Ambiente. Pensate: le farmacie non vendono più i termometri al mercurio, che la Ue ha bandito perché giudicato neurotossico, e la Cementir non dichiara le sue emissioni di mercurio.

Ancora una volta, la domanda è: come mai nessuno si muove? E ancora una volta la risposta è nella morale che si può ricavare da un caso concreto, che riguarda di nuovo l'Ilva. Quando le solite associazioni (ma non hanno niente di meglio da fare? Perché non prendono esempio dalla politica e dal suo linguaggio elusivo e omertoso?) denunciano che «non c'è mercurio nei termometri, perché il mercurio è tutto in mare», l'Ilva, che come abbiamo visto alla legalità ci tiene, querela le associazioni per procurato allarme (eh già, "l'allarmismo"). La querela verrà archiviata perché in mare, nel 2007, vengono trovati 635 chili di mercurio, un'enormità. Per la verità, le associazioni avevano sostenuto che ce ne fossero 665 chili. Ma quella gente, si sa, è sempre "contro" ed è "allarmista".

Dagli scarichi a mare dell'Eni alle cisterne del petrolio sono due passi, e da qui al punto in cui si vorrebbe costruire un rigassificatore nemmeno quattrocento metri. Solo dei pazzi potrebbero fare una cosa simile, in un'area industriale a così alto rischio e così compromessa. Ma non è un problema. Pazzi ne abbiamo quanti ne vogliamo e a Taranto manca solo un manicomio.

L'ICI, IL PIZZO DI TARANTO

«Mannaggia alla miseria» è una tipica imprecazione meridionale e solo a una meridionale come Arcangela Wertmüller, detta Lina, lucana di Palazzo San Gervasio, o al compianto

Nanni Loy, poteva venire l'idea di farne il titolo di un film. Un titolo quanto mai azzeccato, bisogna dire, sia per il luogo, Taranto, sia per ciò che poi è successo, cioè la richiesta di un "pizzo" di 50 mila euro alla troupe per continuare a effettuare le riprese cinematografiche.

Si potrebbe raccontare il guaio capitato alla Wertmüller sul finire del 2008 proprio con un film di Nanni Loy. Per esempio, *Mi manda Picone*. Oppure, per non prendere troppo sul serio i delinquenti che si sono presentati sul set e che la polizia ha arrestato nel giro di quarantotto ore, con il più scanzonato *Pacco, doppiopacco e contropaccotto*. Ma poiché quanto a titoli la Wertmüller è pressoché imbattibile, la minaccia estorsiva subìta potrebbe portare proprio il titolo di uno dei suoi film. *Travolti da un insolito destino nell'azzurro mare di agosto*, per esempio, andrebbe benissimo. Sostituendo azzurro con inquinato e agosto con Taranto, sarebbe perfetto. Per non parlare di *Io speriamo che me la cavo*, girato proprio a Taranto. E infatti, è stato per cavarsi da ogni impiccio che Lina ha subito annunciato di voler abbandonare Taranto per continuare le riprese a Brindisi.

Naturalmente, la Wertmüller è stata subito sommersa da una cascata di messaggi solidali e tranquillizzanti. Del presidente della giunta regionale, del sindaco, del prefetto e del questore di Taranto. Tutti messaggi che a leggerli bene sono altrettanti garbati «mannaggia alla miseria», per dire che anche quest'altra tegola, sulla capoccia sfasciata di Taranto, proprio non ci voleva. Anche l'assessore regionale al Turismo, il tarantino Massimo Ostillio, ricordando «le emergenze sociali, ambientali, economiche e occupazionali della città» ha lanciato il suo «mannaggia alla miseria», rappresentativo del pensiero unico e unitario del governo e dell'opposizione regionali.

Superato l'incidente e assicurati alla giustizia gli estorsori, a Taranto è subito tornata la felicità. Non soltanto perché il pizzo non è stato pagato, ma perché «mannaggia alla miseria» è diventato il motto della città. E si capisce. Taranto è il comune italiano che ha anticipato la crisi finanziaria mondiale grazie ai famigerati titoli "derivati", a obbligazioni spazzatura e cartolarizzazioni d'ogni tipo, facendo bancarotta per un miliardo e 200 milioni di euro (spalmati sui 210 mila abitanti fanno circa 6 mila euro a cranio). Ed è anche la città in cui le grandi industrie evadono l'Ici, l'imposta comunale sugli immobili. Non solo. Mentre a Catania, un'altra città sfasciata, negli stessi giorni il governo nazionale elargiva 140 milioni di euro per far fronte all'emergenza (in realtà, un regalo di Berlusconi al suo amico Scapagnini, sindaco fallimentare della città etnea), a Taranto non è arrivato nemmeno un euro.

Cos'altro possono dire allora i tarantini se non «mannaggia alla miseria»? E infatti questo dicono. E così il titolo del film è diventato uno spot pubblicitario di massa per il film stesso. Ma questo non è bastato a trattenere a Taranto Lina Wertmüller, che ha deciso di trasferire il set del film a Brindisi. Dove però le cose non vanno molto meglio. Con il risultato che quel titolo-imprecazione è stato lievemente modificato, secondo l'uso del luogo, in «mannaggia alla puttana della miseria».

Ma c'è anche chi proprio non gradisce che si paragoni il "pizzo" chiesto a una troupe cinematografica con il "pizzo" che un'intera città deve pagare, in termini di mancato introito, a coloro che dovrebbero essere i suoi principali contribuenti.

Quando ho scritto queste cose sul *Corriere della Sera*, il giornale per il quale lavoro, è scattata immediatamente la reazione. No, non con la solita letterina irritata, ma pubblica, che chiede una smentita o una rettifica. Bensì con una mail "privata", che l'Ilva ha indirizzato a me e al direttore del giornale. Per dire a me di farla finita e al direttore di tenere gli occhi aperti.

Ecco il testo della mail dell'Ilva, datata 14 ottobre 2008, della mia risposta e della mail successiva. Le riproduco integralmente perché, da sole, dicono tutto.

> «Egregio signor Carlo Vulpio, mi riferisco al Suo articolo "Vogliono il pizzo, la Wertmüller sposta il set", apparso sul *Corriere della Sera* di oggi.
> La informo, per puro scrupolo di verità, che l'Ilva di Taranto ha sempre correttamente pagato tutte le imposte dovute e in particolare l'Ici, come da rendiconto che Le allego. Di tale notizia, peraltro facilmente reperibile, ne faccia pure l'uso che ritiene più opportuno.
> Distinti saluti
> Pietro de Biasi
> Responsabile Relazioni Istituzionali Gruppo Riva»

Capita l'antifona, anch'io indirizzo la mia mail a due destinatari, Ilva e direttore del *Corriere della Sera*.

> «Egregio signor de Biasi, come Lei certamente saprà, la tabella che mi ha inviato, e di cui La ringrazio, è un rendiconto autocertificato dell'Ilva. Sull'Ici di Ilva, negli ulti-

mi vent'anni, non è mai stato eseguito alcun accertamento fiscale.
L'unico controllo, quasi ultimato, riguarda l'Ici del 2003 (affinché, a dicembre 2008, non cada in prescrizione la possibilità di ripetere somme non versate).
Con ciò, naturalmente, non si vuol insinuare nulla. Ma aspetterei l'esito delle verifiche per affermare "con certezza" che Ilva ha pagato per l'intero l'Ici... Magari ha pagato anche di più e noi non lo sappiamo... Di questa mia, ovviamente, anche Lei può fare l'uso che ritiene più opportuno.
Distinti Saluti
Carlo Vulpio»

Il responsabile delle relazioni istituzionali dell'Ilva a questo punto si arrabbia. Evidentemente è abituato a trovare la strada spianata davanti a sé e non comprende perché mai un giornalista debba ostinarsi a voler pubblicare notizie. Del resto, bisogna capirlo. Questi alti dirigenti sono pagati anche per fare in modo che le notizie vere e scomode non divengano di dominio pubblico.

E infatti il nostro amico, nella sua seconda lettera, si lancia nella difesa dell'indifendibile.

«Egregio signor Vulpio,
apprendo dalla Sua risposta che, in mancanza di un accertamento fiscale, Lei ritiene di poter tranquillamente e impunemente sostenere, senza neppure ricorrere ad una qualche formula dubitativa, che l'Ilva evade l'Ici: tanto ha

infatti riportato nel Suo articolo. Complimenti per la correttezza professionale!
Distinti saluti
Pietro de Biasi»

Tre mesi dopo, concluso l'accertamento fiscale (il primo in quarantotto anni: mi sbagliavo non per eccesso, ma per difetto) e calcolate al centesimo le somme dovute, saranno più chiare tante cose. Ma quella mail "privata" indirizzata anche al direttore del *Corriere della Sera* sortirà l'effetto voluto. Il mio articolo sul "pizzo" industriale non verrà mai pubblicato.

Eccolo qui.

«TARANTO – La città più inquinata d'Europa per emissioni industriali è anche la città finita in fallimento con il più grande "buco" (un miliardo e 200 milioni di euro) mai registrato nella storia d'Italia. Chissà se c'è un nesso tra le due cose. Di certo, c'è un rapporto diretto tra una bancarotta di tali dimensioni e i 172 milioni di Ici (l'Imposta comunale sugli immobili) che le principali industrie tarantine non hanno pagato, per anni, al comune di Taranto.

«Da quando esiste l'Ici (1993), il polo industriale, e non solo, non ha pagato ciò che doveva. Le cifre sono imponenti. L'Ilva, per esempio, che è la più grande acciaieria d'Europa, e che occupa un'area di ben 1.500 ettari, dal 1993 fino al 2007 deve al comune – tra imposta, sanzioni e interessi – 31 milioni e 505 mila euro. La Edison, 33 milioni e 312 mila euro. Mentre la raffineria Eni deve la bellezza di 105 milioni e 849 mila euro. Ci sarebbe anche la Cementir, ma il suo debito di un milione e 493 mila euro sembra, rispetto agli altri, solo una multa un po' più salata.

«È come se in questi quindici anni ognuno dei duecentodiecimila abitanti di Taranto abbia pagato un "pizzo" di 810 euro. Cioè 54 euro all'anno pro capite. Una sorta di "canone tv" obbligatorio per tutti. Adulti e minorenni, coniugati e celibi, vecchi e neonati, abili e disabili. E il bello è che gran parte di questi 172 milioni, e cioè ben 115, l'equivalente del debito per dieci anni, non potranno essere più riscossi dal comune, e dunque dai cittadini di Taranto, per effetto della prescrizione, che "salva" le annate dal 1993 al 2002, che con questi "risparmi" sono state annate ottime, migliori di quelle vinicole, per le industrie in riva al mare Jonio.

«La "scoperta" è merito soprattutto dell'assessore al Bilancio del comune di Taranto, Rossella Fischetti, una integerrima dirigente dell'Agenzia delle entrate prestata alla politica. Che infatti subito dopo questa operazione, chissà perché, invece di essere portata in processione si è dimessa e ha depositato una denuncia alla procura della Repubblica.

«È dunque Fischetti, a giugno del 2008, subito dopo l'insediamento della nuova giunta comunale, ad avviare gli accertamenti per l'anno 2003, che rischiava la prescrizione immediata. In quell'occasione, si fa un'altra "scoperta": da quando l'Ici è in vigore, ma anche per tutto il trentennio precedente, nelle industrie tarantine non sono mai state effettuate ispezioni fiscali. Nemmeno una. In quasi mezzo secolo di vita di queste industrie, l'ispezione fiscale disposta da Fischetti è stata la prima in assoluto.

«Come mai una così grande omissione, nonostante le non meno grandi emissioni di fumo delle ciminiere, visibili anche dal satellite?

«Dal 1990 la riscossione delle imposte a Taranto è appaltata alle società "DoGre" e "MG", di Domenico Greco, detto "il papa". Queste società, mi dicono come dichiarano al *Corriere della Sera* il sindaco Stefàno e l'assessore Fischetti, "non hanno mai svolto accertamenti, ma hanno sempre preso per buone le autocertificazioni dei soggetti d'imposta e le hanno "girate" al comune, che è esattamente ciò che è accaduto per l'Ici".

«L'anno scorso, per l'Ici, mandata via la "MG" e affidato il servizio a un nucleo di ispezione composto esclusivamente da personale dell'Agenzia del territorio, il comune di Taranto ha immediatamente incassato quindici volte di più. Con "MG" non superava gli 800 mila euro, appena "internalizzato" il servizio ne ha incamerati 14 milioni, di cui più di 11 solo dalla grande industria.

«Dal polo industriale, tutti dicono la stessa cosa: siamo in regola con i pagamenti, ed accerteremo "eventuali sottostime" degli immobili. Un'autodifesa debole. Da Ilva invece hanno fatto una cosa in più. A conferma dell'esito dell'accertamento, si sono messi in regola per il 2008, pagando l'Ici autocertificata (3 milioni e 564 mila euro) più quella reclamata dal comune (un milione e 400 mila).

«Per Domenico Greco, intanto, che era già indagato per

queste vicende, la procura di Taranto ha chiesto il rinvio a giudizio. Mentre la "colpa" dei tributi finalmente riscossi, e delle società del "papa" estromesse dal servizio di riscossione, è ricaduta sull'assessore Fischetti, che si è dimessa. Ovvio a questo punto che anche la giunta Stefàno, se non spiega cos'è successo, rischia di cadere. Proprio adesso che era cominciato il risanamento.»

UOMINI E NO

TAMBURI, IL QUARTIERE DEI MORTI CHE CAMMINANO

Sulla strada a quattro corsie che da Taranto porta a Brindisi, seguendo l'antico tracciato della Via Appia, c'è un'uscita segnalata da due cartelli, l'uno sopra l'altro. Sul primo c'è scritto «Tamburi». Sul secondo «Cimitero». Sembra fatto apposta, ma non è così. Quella è proprio l'unica uscita della superstrada sia per il quartiere Tamburi, sia per il suo camposanto.

A pensarci oggi, dopo tutto quello che sappiamo, il doppio cartello è perfetto. È la migliore fotografia del più inquinato quartiere del mondo. Sì, avete capito bene, del mondo. Forse solo in Pakistan – già, in Pakistan, anche questo non è un errore o un'iperbole – ci sono fonti inquinanti così grandi e così vicine a centri abitati con una densità di popolazione come quella del quartiere Tamburi di Taranto.

La semplice verità è venuta fuori da una ricerca, il progetto Sitecos – Studio integrato sul territorio nazionale per la caratterizzazione e il controllo di inquinanti atmosferici –, cofinanziato dal ministero dell'Università e della Ricerca scientifica e condotto dal Dipartimento di chimica dell'università di Bari. Sono bastate tre campagne mensili – a ottobre 2005, a febbraio e a luglio 2006 –, in due punti diversi della città, per capire subito le ragioni del primato.

I monitoraggi sono stati effettuati in una via del centro città e in una del quartiere Tamburi. Come abbiamo già detto, il Tamburi è praticamente attaccato al centro siderurgico. L'unica "barriera" che separa le case dagli stabilimenti e dalle montagne di minerale ferroso che si trovano all'interno dell'area Ilva – montagne di polveri che sono discariche a cielo aperto, ma vengono chiamate "parchi" minerali – è un'inutile collinetta artificiale con qualche albero spelacchiato.

Questo per dire subito che i dati del Tamburi sono risultati di gran lunga superiori a quelli del centro città, pure molto alti, proprio perché il Tamburi ha l'Ilva addosso. L'inquinamento del Tamburi è di fonte industriale. Che sia così, lo prova il confronto con i dati rilevati nella stessa strada quando i venti ripuliscono l'aria. In questo caso, non molto frequente per la verità, i livelli di ipa (gli idrocarburi policiclici aromatici, tra i quali il più cancerogeno di tutti, il benzoapirene) sono inferiori – dice sempre la ricerca Sitecos – anche a quelli causati dal traffico in una strada del centro di una grande città.

Ma il dato più sconvolgente è ancora un altro. In una scala da uno a dieci, il Tamburi in alcuni casi ha fatto l'*en plein*, dieci. Mentre città come Milano, Roma, Verona, Venezia, Padova e Viterbo superavano appena il valore pari a uno; e altre, come Bologna, Firenze, Ravenna e Catania si fermavano ben al di sotto dell'uno. Taranto insomma ha scoperto di avere un altro primato nazionale assoluto. Quello delle emissioni di ipa, nell'aria (95,8 per cento del totale) e nell'acqua (91 per cento).

Il confronto con il resto del mondo è sconfortante. Per ipa, biossido di carbonio e diossina Taranto, o meglio, il quartiere Tamburi, sta peggio di Hong Kong e di San Paolo, di Santiago del Cile e di Los Angeles, di Chicago e di Houston, di Atene, della belga Menen e dell'australiana Brisbane.

Non ci sono però soltanto gli odori a far capire dove ci si trovi. C'è anche il rumore. È quello costante dei martelloni che spaccano la ghisa e del continuo rombo temporalesco degli impianti. Chi non è del posto può pensare che il quartiere si chiami così proprio per questo ininterrotto "tambureggiare" dell'acciaieria. Invece no. A far pensare al rumore dei tamburi era stata l'acqua che scorreva nell'antico acquedotto romano del Triglio, che costeggia la vecchia strada d'ingresso al quartiere e ancora oggi molto bello, nonostante l'incuria e l'abbandono.

Quando l'acciaieria stava nascendo e al Tamburi – anzi, "ai" Tamburi, secondo l'esatta toponomastica tarantina – c'era soltanto il tubificio, Giorgio Liuzzi faceva il maestro elementare. Era il 1960. Un giorno decise di andare, lui e la sua scolaresca, a visitare i cantieri del nascente gigante d'acciaio. Lo colpì un cartello che diceva: «In questo reparto non avvengono incidenti mortali dal 20 maggio».

Liuzzi chiese: «Scusate, ma oggi che giorno è?».

Gli risposero: «Il 21 maggio».

E lui: «Ah, ma allora è soltanto da ieri che qui non avvengono incidenti mortali».

«Purtroppo, sì» gli dissero. «Correggiamo quel cartello quasi ogni giorno.»

Un aggiornamento così accurato e in tempo reale, di sicuro mai interrotto in quasi mezzo secolo di vita del siderurgico, dovrebbe poterci dare il numero preciso delle vittime di incidenti mortali nell'Italsider e nell'Ilva. Invece, sembra incredibile, nessuno sa con esattezza quanti morti ci siano stati nell'acciaieria dal giorno in cui Liuzzi lesse quel cartello a oggi. I dati sono parziali, contraddittori, incompleti, a volte dispersi, introvabili, difficilmente incrociabili.

È come se una pagina di storia fosse stata cancellata o manipolata.

Liuzzi non si meraviglia. Dice che è così anche per le altre industrie che hanno ridotto la sua città a loro pattumiera. «E pensare che quando si doveva fare il siderurgico, scoppiò quasi una guerra di campanile tra Bari e Taranto, ognuna lo voleva per sé a tutti i costi» dice Liuzzi. Oggi, invece, i tarantini maledicono quel giorno in cui applaudirono un'illusione.

Per le strade del Tamburi la gente si incontra e si racconta sempre le stesse cose. Parla di malattie, di morti e di lavoro che uccide. Tutti sperano di andarsene, prima o poi. Non vogliono fare la fine di quelli che si ammalano e che pur di non rimanere chiusi in casa escono a fare due passi con la bomboletta dell'ossigeno portatile in mano e le cannule infilate nelle narici.

Quelli del Tamburi lo sanno che li chiamano «morti che camminano». E sanno anche il perché. Ma fino a quando le cose non cambieranno davvero, non per finta, la loro vita sarà sempre una roulette russa, né più né meno.

I ragazzi oggi sono più consapevoli della cloaca in cui gli tocca vivere e sono anche i più colpiti. Ma cosa possono fare se le loro scuole, come la media De Carolis e il professionale Nitti, hanno cambiato colore? Si trovano proprio sotto il camino più alto di tutta l'Ilva e sotto il tiro delle polveri dei parchi minerali, e da verdi sono diventate rosso scuro, quasi marrone, e anche nere.

E quegli altri ragazzi che ogni settimana vanno a giocare a calcetto sul prato sintetico della "Jonica"? O rinunciano, oppure si rassegnano a respirare, assieme alle polveri sospese nell'aria, anche quelle che si sono depositate tra i fili d'erba sintetica e che si sollevano a ogni rimbalzo della palla e a ogni entrata in scivolata.

Tutto il Tamburi è rosso scuro, quasi marrone, a tratti nero. I muri delle case sono impregnati di questa porcheria, eppure c'è sempre chi non trova di meglio che rilanciare il grottesco dibattito sulla maggiore o minore efficienza dei pannelli di sbarramento, che in realtà non sbarrano un bel nulla. Non solo perché sono stati installati tardivamente sulla collinetta artificiale creata tra le case e l'acciaieria, ma perché i pannelli non possono far niente. Sono come le vele di una barca sotto i venti di un uragano.

I morti del Tamburi vengono seppelliti nel cimitero del Tamburi, intitolato a San Brunone. Ma anche lì non trovano pace. Il cimitero ha lo stesso colore delle case, che hanno lo stesso colore dell'acciaieria, che ha lo stesso colore delle polveri rosse di minerale di ferro e di quelle nere di carboncoke. Le polveri insozzano tutto. Cappelle, tombe, statue, puttini, lapidi, croci, fiori, cipressi, viali, lumini. Qualunque cosa si trovi all'interno del cimitero non sfugge alle polveri. Nemmeno i becchini, che a fine giornata devono lavarsi come se avessero lavorato all'interno dell'acciaieria e non del camposanto.

Sono ancora una volta Peacelink, Taranto Viva, Alta Marea,

Comitato per Taranto, Ail e le altre associazioni che hanno preso a cuore il destino di Taranto a muoversi. Vogliono capire meglio le dimensioni di ciò che è accaduto e sta accadendo alla loro città. E partoriscono un'idea che si rivelerà un successo.

Chiamano Federico Valerio, direttore del Servizio di chimica ambientale dell'Istituto nazionale per la ricerca sul cancro di Genova, e si fanno aiutare a "tradurre" i fumi della cokeria dell'Ilva in sigarette fumate passivamente dagli abitanti del Tamburi.

Quanto fa quel fumo in "sigarette equivalenti" pro capite?

Bella domanda. Non ci aveva pensato mai nessuno. Ma, prima di tutto, è un calcolo che si può fare? Certo che si può fare. Concentrando l'attenzione sul solo benzoapirene, e lasciando stare gli altri cancerogeni emessi dalla cokeria, come ad esempio il benzene, viene calcolata, in numero di "sigarette equivalenti" inalate, la quantità di benzoapirene che ciascun abitante del Tamburi si è dovuto ciucciare.

Altri elementi di calcolo sono la quantità di aria respirata durante le ventiquattro ore (da svegli, durante il sonno, facendo attività sportiva), la quantità di nicotina contenuta nelle dieci marche di sigarette più vendute in Italia, l'età. La ricerca viene circoscritta ai bambini, cioè a quante sigarette inalerebbe un bambino "fumatore passivo" del Tamburi.

Il risultato è una bomba. Signori del Tamburi, sappiate che ogni vostro bambino inala in media 2,14 sigarette al giorno. Cioè, 780 sigarette all'anno.

Ma c'è di più. Nel 2008, sul *Corriere della Sera* riesco a scrivere di Taranto come della città più inquinata d'Europa. La stampa internazionale rilancia il "caso Taranto" e Al Gore, ex vicepresidente degli Stati Uniti e premio Nobel per la Pace, ne rimane molto colpito, al punto da annunciare per l'anno successivo un viaggio a Taranto.

Il terreno è pronto per stanare anche i più zelanti custodi di studi molto importanti per Taranto, ma che fino a quel momento erano stati tenuti ben chiusi nei cassetti.

Viene fuori uno studio dell'Ispesl, proprio sul Tamburi, guarda un po', risalente al 2004. L'Istituto superiore per la prevenzione e la sicurezza del lavoro, che è un organo tecnico-scientifico del Servizio sanitario nazionale, nei giorni dal 2 al 5 marzo 2004 aveva registrato un accumulo di benzoapirene elevatissimo, con un valore massimo il 4 marzo. I dati erano stati raccolti proprio nella stessa via in cui, come abbiamo visto, negli anni successivi verranno eseguiti i monitoraggi da parte del ministero dell'Università e della Ricerca scientifica.

I risultati di quello studio sono clamorosi. In sigarette equivalenti, il giorno 4 marzo 2004 ogni bambino del Tamburi ha inalato 128 sigarette.

Però il giorno dopo ognuno di questi bambini ha acceso la tv e ha sentito che «il fumo fa male». È andato a scuola e su un cartello ha letto «vietato fumare». E uno di questi bambini, tornato a casa, ha trovato suo padre imbestialito.

«Cos'è successo?» gli ha chiesto.

«Mi hanno sequestrato la macchina» ha risposto il papà.

«E perché?»

«Non avevo la marmitta catalitica. Dice che inquino.»

Il "gioco" delle sigarette non si è fermato al Tamburi. L'11 e il 29 agosto 2008 è stato replicato in un punto della città di Taranto lontano dalle industrie.

Quando il vento soffiava dall'area industriale verso la zona monitorata, il numero quotidiano di sigarette equivalenti inalate era di 2,3. Più alto di quello registrato al Tamburi. In assenza di vento, invece, si scendeva a 1,2. Che cosa vuol dire? Che il problema esiste ed è grave non soltanto per il Tamburi, ma per l'intera città, costretta a subire mefitici "aerosol" a seconda di come gira il vento. E infatti, Taranto è forse l'unico posto in cui alla tramontana si preferisce lo scirocco, che farà anche sudare e ansimare, ma che spira nella direzione giusta. Poiché allontana dalla città le nuvole tossiche, al contrario della tramontana, che dal polo industriale le spinge nelle case dei tarantini.

Finora, però, abbiamo parlato solo dei fumatori passivi, di tutti quelli cioè che stanno fuori dal siderurgico. E i fumatori attivi, invece? Quelli che nell'acciaieria ci vivono e magari lavorano proprio dentro al suo cuore nero, la cokeria, cioè l'impianto di distillazione a secco del carbone? Quanto fumano questi operai?

Dai valori di benzoapirene rilevati da una perizia eseguita per la procura di Taranto nel 2000 sull'area industriale, la cui relazione è stata curata da Maria Spartera, oggi chimico dell'Arpa, un addetto alla caricatrice fumerebbe 305 sigarette al giorno, mentre un operaio al piano coperchi non avrebbe il senso del limite e ne inalerebbe ben 7.278.

E allora, c'è o no un nesso di causa-effetto tra il lavoro in cokeria e le malattie, specialmente quelle respiratorie? Ci sarà o no una ragione, non proprio difficile da immaginare, se di storie come quella di Mario Florio, ventisette anni, se ne possono trovare a decine?

Nel 2007 Mario viene assunto all'Ilva con un contratto di formazione-lavoro. Dopo appena un anno si ammala alle vie respiratorie e gli spuntano due noduli sul collo. Come tutti gli altri che hanno lavorato lì, Mario dice che gli impianti sono vecchi di trent'anni e che per migliorarli si fa ben poco, perché bisogna produrre e poi ancora produrre e non c'è tempo per altro. Ma ciò che colpiva di più Mario era vedere i necrologi affissi in fabbrica. Ogni giorno, ce n'erano di nuovi. Ogni giorno, c'era almeno un ex dipendente Ilva che se n'era andato. «Ho deciso di mollare. Meglio disoccupato, ma vivo. Qualcos'altro farò» dice oggi Mario.

Certo, in questi ultimi anni ci sono stati interventi tecnologici sugli impianti per rinnovarli e renderli meno inquinanti. Ma allora perché, ancora nel 2008, si è dovuto registrare la grave "anomalia" di impianti nuovi più inquinanti di quelli vecchi, cioè le batterie 3, 4, 5 e 6? Una risposta forse c'è ed è pure semplice. Gli impianti sono stati "stressati" per produrre di più, per produrre oltre il massimo, e i risultati in termini di tutela dell'ambiente e della salute sono stati opposti a quelli sperati.

Quando gli impianti agiscono sotto stress, si vede. Li chiamano "sforamenti". Sono le improvvise fuoriuscite di grandi nuvole di fumo scuro non più soltanto dai camini, ma da interi pezzi di stabilimento. È come trovarsi di fronte a una enorme automobile che invece di espellere il fumo soltanto dal tubo di scappamento, lo fa trasudare da tutte le sue componenti meccaniche. E di sforamenti, come potrebbe vedere chiunque abbia voglia di trascorrere un paio d'ore a contemplare l'Ilva, ce ne sono uno dopo l'altro.

I protocolli e gli atti d'intesa, questa è l'amara realtà, sono serviti a tutti solo per prendere tempo e rinviare la soluzione del problema. E l'unica soluzione, qui, con questo scenario e queste cifre, è la fine della guerra.

Non è un'esagerazione. Cerchiamo di spiegarlo prendendo a esempio un altro caso. Il 25 febbraio 2009, su iniziativa della Commissione europea, gli Stati membri della Ue approvano l'uso dell'amianto (quello usato dalla famosa Eternit) nella fabbricazione di alcuni componenti industriali. In Europa, l'amianto era vietato dal 2005 e a Casale Monferrato, che in Italia è il luogo in cui l'amianto ha mietuto più vittime, drizzano le antenne. Prima che il Parlamento europeo ratifichi la scelta, il giornalista Giampaolo Pansa, nato e cresciuto a Casale Monferrato, rilascia un'intervista a *La Stampa* e dice ciò che tutti sanno e condividono, e cioè che al suo paese «l'amianto ha fatto più vittime della guerra».

Nessuno contesta l'affermazione di Pansa per la semplice ragione che non c'è nulla che possa essere contestato. È la stessa cosa per la guerra di Taranto. Anzi, a voler essere precisi, rispetto alla dolorosa guerra di Casale Monferrato e del suo amianto, quella di Taranto è come una guerra mondiale. La seconda guerra mondiale.

Chi ha lavorato all'Ilva lo capisce meglio degli altri. Piero Tinelli, alcuni giorni prima che si ponesse pietosamente termine alla non-vita di Eluana Englaro, scrive una lettera aperta che nessuno pubblicherà.

Scrive Tinelli: «Sono turbato e dispiaciuto per la storia di Eluana. Di lei si è occupata l'Italia politica, religiosa, giuridica e sociale. Ma qui a Taranto ci sono tante Eluana. Sono ammalate e hanno problemi connessi alle industrie. E nessuno si preoccupa. Qui c'è in gioco la vita di tanti bambini, uomini, anziani indifesi, imbavagliati. Per loro non c'è clamore. In gioco non c'è la difesa di alcuni interessi di parte politica o la competizione elettorale. Per questo sono triste e provo dolore».

Infine, due parole al ministro per l'Ambiente in carica: «Caro ministro Prestigiacomo, io ho lavorato all'Ilva e abito a ridosso dell'Ilva. In Italia si discute tanto del diritto alla vita, ma a Taranto si muore lentamente. Vorrei chiederle perché quando si tratta di salvare veramente la vita delle tante Eluana, certe persone non ci sono mai».

Ma la discussione sul che fare a Taranto, al Tamburi, è ancora ferma alle polemiche tra centrodestra e centrosinsitra sulla "riqualificazione" del quartiere più inquinato del mondo. Una diatriba inutile, vecchia, fuori tempo massimo. Poiché da entrambe le parti si dà per scontato che si possa guarire sopprimendo i sintomi del male, quando invece occorre rimuoverne le cause.

Al Tamburi muoiono come le mosche e questi qui si azzuffano su chi ha il merito di aver fatto stanziare 80 milioni di euro per un «Progetto coordinato di risanamento del quartiere Tamburi». D'accordo, Fitto e Franzoso (destra) non sono riusciti a far decollare il finanziamento, mentre Vendola e Barbanente (sinistra) lo hanno recuperato. Ma il punto è: per fare che cosa, al Tamburi? Costruire altre case in cui mandare ad abitare gli sfollati delle palazzine a ridosso dell'Ilva, che come riconosce lo stesso «progetto di risanamento» sono da abbattere? Realizzare un mercato, nuove opere di urbanizzazione, qualche giardino pubblico, o altri meritori interventi civici? A che cosa servirebbe, se dalle ciminiere dell'Ilva continuano ad arrivare ipa, diossina, biossido di carbonio e tutto il resto? E come si fa a pensare e a dichiarare che grazie a interventi di questo tipo si possa «restituire il diritto a un ambiente vivibile» alla gente del Tamburi?

È semplicemente demenziale ignorare, o far finta di non capire, che la storia del rapporto tra Ilva e Tamburi (e Taranto), è al capolinea, è finita, non può più continuare. A meno che, per salvare il salvabile, si agisca sulla cause e non sui sintomi. Imponendo all'Ilva di non sporcare – con l'uso delle migliori tecnologie disponibili e sottoponendola a controlli seri – e non chiedendo alla gente del Tamburi di turarsi il naso e fare la doccia tutti i giorni.

CAMPIONI DEL MONDO

Il 12 luglio 1982, in Spagna, l'Italia vince il Mondiale di calcio e si stordisce di retorica e festeggiamenti. Non può accorgersi, e infatti non se ne accorge, di ciò che succede a Taranto, dove due giorni dopo, il 14 luglio, il pretore Franco Sebastio – uno di quei magistrati spregiativamente definiti "pretori d'assalto" – pronuncia una sentenza importantissima. Per la prima volta, i vertici del centro siderurgico Italsider e di altre importanti industrie di Taranto vengono processati e condannati per le emissioni nocive.

L'Italia campione del mondo non ha ancora una normativa precisa ed efficace per tutelare la salute e l'ambiente, ha solo la cosiddetta "legge antismog" del 1966, ma in compenso fa tre gol alla Germania nella sfida finale ed esporta l'urlo di

Marco Tardelli, che oscura l'Urlo di Edvard Munch. E poi, tra i ventidue "campeones" di Spagna c'è anche Franco Selvaggi, che aveva giocato a Taranto per cinque anni, dal 1974 al 1979, e tanto basta. Per dimenticare fabbriche, fumi e malattie.

Ma anche il pretore Sebastio fa il suo gol. Applica alle ciminiere di Taranto l'articolo 674 del codice penale, intitolato «Getto pericoloso di cose», che dice: «Chiunque getta o versa, in un luogo di pubblico transito o in un luogo privato ma di comune o di altrui uso, cose atte a offendere o imbrattare o molestare persone, ovvero, nei casi non consentiti dalla legge, provoca emissioni di gas, di vapori o di fumo, atti a cagionare tali effetti, è punito con l'arresto fino a un mese o con l'ammenda fino a lire quattrocentomila».

I fumi, le polveri minerali, i gas e i vapori vengono considerati «getto pericolose di cose». D'accordo, il Mundial del 12 luglio contribuisce a evitare la crisi di governo, ma quella sentenza del 14 luglio è un'altra "presa della Bastiglia", perché il pretore riconosce anche il risarcimento dei danni in favore del Fondo mondiale della natura e del Comune di Taranto.

Il giudizio finale, davanti alla Corte di Cassazione, negherà l'applicabilità al caso in questione del "getto pericoloso di cose" e assolverà gli imputati (anche se in seguito la Cassazione correggerà se stessa e riconoscerà la fondatezza dell'impostazione del pretore Sebastio). Ma ciò che più conta è aver abbattuto un muro, aperto una breccia, violato un tabù. Il siderurgico Italsider e le altre fabbriche di veleni non sono repubbliche indipendenti. Se ne può parlare. Si può indagare sulla loro attività. E si possono anche processare e condannare, se non rispettano la legge.

Il processo celebrato a Taranto è importante anche per un'altra ragione. Per la prima volta, viene "proiettato" un film che non concede nulla alla retorica e all'agiografia del radioso e inarrestabile progresso industriale, ma, al contrario, è uno spietato documentario "dall'interno".

È in questa occasione che Taranto scopre che cosa sono i parchi minerali all'interno dell'Italsider, a quali banali interventi di routine si riduca, nei fatti, l'attività di "manutenzione" dello stabilimento, e come alla tutela della salute e dell'ambiente vengano puntualmente preferiti gli obiettivi di bilancio e della produzione.

Lo stato delle cose è grave già allora, e il giudice non può fare a meno di scrivere nella sentenza che il centro siderurgico sconta il peccato originale commesso vent'anni prima, quando si decise di costruire «uno stabilimento di tali dimensioni alle porte di un centro abitato in fase di successivo, rapido e prevedibile sviluppo».

Non c'è però soltanto il centro siderurgico. Il processo del 1982 rivela a Taranto e all'Italia anche altri fatti clamorosi. Per esempio, come sia possibile che tra un ospedale e una fabbrica inquinante non venga spostata la fabbrica, ma eliminato l'ospedale. La fabbrica si chiama Cementir e produce cemento. Ancora oggi è attiva e, come abbiamo già visto, non dichiara le proprie emissioni di mercurio. Nel 1982 emetteva polveri per 5-6 tonnellate al giorno. Queste polveri, insieme con quelle dell'acciaieria, grazie ai venti e alla posizione dei diversi stabilimenti, finivano anche su un ospedale, l'istituto ortopedico Testa. «Le strutture dell'ospedale Testa» scrivono i periti «risultavano ricoperte di concrezioni aventi lo spessore di qualche millimetro di materiale di natura silicea con ossidi di ferro».

Tutti sapevano da dove provenivano quelle polveri – hanno spiegato i testimoni sentiti durante il processo – poiché tutti le distinguevano in base al loro colore. «Le nuvole bruno-rossastre si alzavano dall'Italsider, mentre le nuvole di colore biancastro erano della Cementir.»

L'ospedale Testa ha dovuto inchinarsi al cemento e all'acciaio. Nato, pensate un po', come colonia elioterapica per i casi di tubercolosi extrapolmonare, è sopravvissuto con tutti i locali accuratamente chiusi per evitare che le polveri della Cementir e dell'Italsider danneggiassero i malati. Poi lo hanno eliminato. Al suo posto ora ci sono gli uffici dell'Asl di Taranto.

Per non farsi mancare nulla, sempre in quei magici anni Ottanta a Taranto, oltre alla cocaina, si sperimenta un altro tipo di polvere bianca. La calce. Costa meno e crea guai soltanto ai poveracci del quartiere Paolo VI, che loro malgrado ne sniffano 280 chili al giorno, sulle 70 tonnellate prodotte dalla Idrocalce.

Anche il Paolo VI – come il Tamburi con l'Ilva – è «fisicamente aderente» allo stabilimento in cui si produce la calce. E anche la sua gente protesta e denuncia. Ma, a parte quel "pretore d'assalto", non l'ascolta nessuno. Nemmeno il sindaco comunista della città, Giuseppe Cannata, che tra l'altro è imputato nello stesso processo per l'utilizzo «incontrollato e selvaggio» della discarica Santa Teresa, 170 tonnellate di rifiuti al giorno per quindici anni. Cannata se la cava grazie all'amnistia. Ma quando, durante il processo, gli viene chiesto cosa avesse fatto per quelle «emissioni di gas, fumi e vapori nocivi e molesti prodotti per anni dalla discarica», Cannata risponde che aveva sempre pensato a un fenomeno di autocombustione. Più o meno come i fuochi fatui dei cimiteri, fiammelle innocue e suggestive.

Nell'indagine finisce anche l'inceneritore dell'azienda municipalizzata della nettezza urbana, con i suoi elettrofiltri pieni di diossine. Ma i tempi non sono ancora maturi. L'inceneritore si trova in una zona agricola, lontana dal centro abitato, e i periti non accertano nemmeno se le diossine sfuggano all'esterno dell'impianto. È però un campanello d'allarme. Il pretore Sebastio lo scrive senza giri di parole: «È emersa in maniera incontrovertibile l'assoluta mancanza di ogni controllo da parte degli organi pubblici competenti – Provincia, Comune, Comitato regionale per l'inquinamento atmosferico – che ben può aver determinato la convinzione di una perpetua impunità». La fotografia è di ventisette anni fa. Ma sembra scattata oggi.

CHIEDI ALLA POLVERE: I PARCHI MINERALI

Se la polvere di Taranto potesse parlare. Montagne di polveri diverse, lunghe almeno un chilometro e alte anche venti metri. Tutte dentro l'Ilva. 66 ettari di polveri, divisi in otto zone. Dalla zona numero uno alla numero quattro: deposito del materiale fossile, impiegato nella produzione del coke, con uno stoccaggio medio giornaliero di 500 mila tonnellate. Dalla numero cinque alla numero otto: deposito di materia prima minerale fine o grossolana, impiegata rispettivamente nel processo di agglomerazione o negli altiforni, per la produzione della ghisa o di altre leghe, con uno stoccaggio medio giornaliero di un milione e 200 mila tonnellate.

Materie prime che vengono vagliate, frantumate, trasportate. E polveri che si volatilizzano e si disperdono, e poi si posano dovunque. Vicino allo stabilimento, ma anche lontano. Masse gigantesche di polveri minerali che sono vere e proprie discariche a cielo aperto e che pudicamente, soavemente, sono state chiamate parchi minerali. Parchi. Un nome "ecologico" che hanno mantenuto fino a oggi.

Nel processo del 1982, i consulenti del giudice avevano calcolato che gli impianti di agglomerazione che lavoravano la materia prima emettevano ogni giorno, in media, circa 31 tonnellate di polveri e 40 tonnellate di biossido di zolfo. Mentre la continua movimentazione dei circa 20 milioni di tonnellate di "materiale" e i venti facevano il resto: ogni anno sversavano nell'aria non meno di 100 milioni di tonnellate di polveri. Persino i fiori morivano per colpa delle polveri e nessuno ci credeva. Finché un fioraio, Antonio Ammirato, non decide di portare in tribunale il caso delle sue serre di fiori ridotte a camere a gas. Nel 1998 Ammirato vince la causa. La sentenza stabilisce una provvisionale di 5 milioni di lire e rinvia al giudizio civile la quantificazione definitiva del danno. Il fioraio alla fine vincerà sia nel giudizio civile, sia in quello penale. Un altro muro viene abbattuto. È la prima volta che il siderurgico viene condannato al risarcimento dei danni in favore di un privato.

Nel 2004 viene celebrato un altro processo contro i vertici dell'Ilva, accusati, come nel 1982, di «getto pericoloso di cose». In questo processo, i consulenti del pubblico ministero calcolano che nel quartiere Tamburi si depositano, ogni anno, tra i 100 e i 200 grammi di polveri per metro quadrato. Nel 2004, cioè ventidue anni dopo il primo processo dell'82, il reato, e le pene, sono sempre le stesse. Ma almeno questa volta la Cassazione riconosce che il verbo «gettare» dell'articolo 674 del codice penale possa significare anche «emettere, diffondere, produrre».

Il 10 giugno 2004, la Corte di Appello di Lecce conferma la condanna a sette mesi di arresto, sostituendo la pena detentiva con l'ammenda di 7.980 euro per ciascuno degli imputati, nei confronti di Emilio Riva, amministratore delegato dell'Ilva, e Luigi Capogrosso, direttore dello stabilimento. La sentenza sarà confermata anche in Cassazione.

Se la polvere di Taranto potesse parlare, racconterebbe la storia di tutte le mucose e i polmoni a cui, con le sue particelle solide e liquide, ha cambiato i connotati, infischiandosene dei cinque livelli – valori limite, valori guida, livelli di attenzione, livelli di allarme, obiettivi di qualità – previsti dalle leggi italiane per definire la concentrazione delle sostanze inquinanti nell'atmosfera.

Se la polvere di Taranto potesse parlare, direbbe ciò che ha detto l'ingegner Di Francesco, consulente del pubblico ministero, e cioè che Emilio Riva, «nell'evidente intento di contenere il budget di spesa, ha condizionato le conseguenze dell'attività produttiva per la popolazione, mentre la tecnologia migliore e una soluzione tempestiva e corretta avrebbero scongiurato il degrado di un intero quartiere della città di Taranto».

I giudici della Corte di Appello di Lecce sostengono che Riva abbia continuato la produzione nonostante fosse «inequivocabilmente dannosa per la collettività» e che da amministratore delegato e presidente di un'acciaieria come l'Ilva avrebbe dovuto comportarsi con «diligenza, prudenza e perizia». E invece, nonostante le rimostranze della popolazione e le dimensioni del problema, Riva e Capogrosso «pur avendone il potere, non hanno sospeso, né interrotto l'attività produttiva dello stabilimento o di suoi settori». Eppure, «il problema» era così conclamato che persino il campo sportivo Tamburi Vecchio era stato dichiarato inagibile per motivi igienico-sanitari.

Pietro Intini, componente del consiglio circoscrizionale del quartiere Tamburi, sentito come testimone nel processo ha raccontato: «Ho giocato a calcio per tanti anni nel Comunale Vecchio, dove c'è un accumulo di polvere impressionante... Dopo qualche tempo ci sono tornato per assistere a una partita, speravo che la situazione fosse migliorata rispetto a quando giocavo io, invece era peggiorata... Vedere questo polverone, questi ragazzi che giocano a calcio e che si alza questo polverone che non lascia più distinguere il colore delle maglie, per me è veramente inconcepibile». Le parole di Intini trovano conferma nelle analisi eseguite dai chimici Maria Spartera e Giovanni Carbotti per una perizia in un altro processo penale. Dicono Spartera e Carbotti che tra febbraio 1999 e luglio 2000, «da 500 campionamenti per complessive 3.000 analisi è risultato che i valori delle polveri all'interno dei parchi minerali erano addirittura superiori di dieci volte a quelli del quartiere Tamburi».

Il nuovo processo del 2004 fa luce su un altro aspetto scandaloso. E cioè sulla mancanza di qualsiasi accertamento sulla quantità e qualità delle sostanze "regalate" a Taranto dall'acciaieria. Addirittura, dopo il 1984 non è stato mai più effettuato alcun rilievo delle emissioni, neppure da parte degli enti pubblici che avevano il dovere di controllare. E che dire della confusione creata da ben tre diversi sistemi di monitoraggio, quello interno all'Ilva, quello esterno e quello comunale?

Ma il cuore della questione è ancora un altro. È nella impossibilità pratica di "rimediare" al fenomeno dello spolverìo, visto che tutti i sistemi utilizzati nel tempo si rivelano soltanto dei rimedi-tampone. Occorrono radicali mutamenti del processo produttivo, dicono i giudici di Lecce nella loro sentenza, e suggeriscono di «ripensare struttura, articolazione e ubicazione delle aree produttive, in modo da pervenire, eventualmente, anche alla dismissione dei parchi minerali e alla decisione di eliminare, all'occorrenza, determinate aree e fasi del ciclo produttivo». Insomma, quelle discariche a cielo aperto di polveri minerali non possono stare lì, addosso alla città. Andrebbero semplicemente eliminate. E infatti la sentenza dispone anche la confisca dei parchi minerali.

Sembra tutto a posto, logico, consequenziale. Invece accadono due cose importanti. La prima: la Corte di Cassazione conferma la sentenza di secondo grado, ma non la confisca dei parchi minerali, perché – dice la Corte – nel frattempo è intervenuta l'autorizzazione «alle emissioni convogliate in atmosfera» del dirigente del settore Ecologia della Regione Puglia. La seconda: il Comune e la Provincia di Taranto, nelle persone del sindaco Rossana Di Bello (centrodestra) e del presidente, ex sindacalista, Giovanni Florido (centrosinistra), ritirano la costituzione di parte civile, senza aver ottenuto alcun risarcimento.

Se, come John Fante con la polvere sporca di Los Angeles, chiedi alla polvere di Taranto cos'è successo qui, ebbene, quella polvere ti dirà tutto.

CAPANNONE LAF, IL LAGER

La domanda che tormentava Gino Montanaro, il pensiero che lo ossessionava più di tutti gli altri era questo: perché, dopo tanti anni di lavoro e di sacrifici, lui si trovava lì, nel capannone Laf, acronimo di Laminatoio a freddo, pagato per non fare nulla?

Gino Montanaro è uno dei settanta dipendenti Ilva che non volevano accettare la dequalificazione professionale imposta dall'azienda e che per questo furono puniti in maniera feroce, sadica, "esemplare".

L'Ilva voleva imporre a quei dipendenti la «novazione del rapporto di lavoro», trasformandoli di forza, da impiegati quali erano, in operai. Chi non ci stava, finiva confinato nella Laf. Dal novembre 1997 fino al dicembre 1998, alla Laf finirono in settanta. Chi per alcune settimane, chi per interi mesi, chi per tutto l'anno. Dipendeva dalla capacità di resistenza individuale, dalla distanza tra sé e la soglia critica dell'esplosione interiore.

Il caso della palazzina Laf – l'enorme e squallido capannone, nel racconto orale, è diventato una "palazzina" – non ha precedenti. E dimostra che come non c'è mai limite all'inquinamento dell'aria, dell'acqua, della terra, così non c'è limite all'inquinamento delle coscienze e allo scempio della mente delle persone.

I giudici della Corte di Appello di Lecce, Dino Semeraro, Cesarina Trunfio e Umberto Massafra, che in secondo grado hanno condannato Emilio Riva a un anno e dieci mesi di reclusione (altri dieci dirigenti sono stati condannati a pene tra i diciotto e i quattro mesi), hanno scritto nella sentenza che questo, più che un caso di *mobbing*, è un vero e proprio caso di *bossing*.

Il termine *mobbing*, com'è noto, venne coniato dallo psicologo tedesco Heinz Leymann e deriva dal verbo inglese *to mob*, che significa ledere, aggredire, accerchiare, assalire. Diceva Leymann, che il *mobbing* consiste in uno strisciante processo distruttivo della persona, attuato attraverso comportamenti ostili, occulti e palesi. Comportamenti che possono essere pratiche persecutorie, vessazioni, abusi morali, e che sul posto di lavoro possono essere messi in atto sia tra lavoratori, sia da parte dei superiori gerarchici nei confronti della vittima designata. Un'azione di *mobbing* può essere scatenata per invidia, gelosia, disorganizzazione lavorativa, carico di lavoro, stress e persino per noia.

Ma il *bossing* praticato all'Ilva, scrivono i giudici, è quel comportamento che deriva dal termine *boss*, cioè capo, padrone, e consiste «in una vera e propria strategia aziendale volta a ridurre il personale o a eliminare dipendenti non graditi, e in tal caso sono i quadri o i dirigenti ad agire: a differenza del *mobbing*, che non sempre ha un'origine razionale, qui lo scopo di indurre alle dimissioni il dipendente, eludendo problemi sindacali e leggi sul licenziamento, è perseguito con lucidità».

Gino Montanaro, come gli altri sessantanove compagni di lavoro, era stato individuato tra i lavoratori "sgraditi" all'azienda perché non aveva detto al volo «Signorsì» quando dirigenti aziendali come Luigi Capogrosso (un anno e sei mesi di reclusione) e Angelo Greco (un anno e tre mesi) gli avevano proposto una "retrocessione" illegale. Montanaro aveva fatto l'assistente tecnico ai montaggi con la Sidermontaggi, per tutti i tipi di impianti, per ventiquattro anni, e in base agli accordi sulla ristrutturazione aziendale sottoscritti con il ministero del Lavoro doveva essere riassunto dall'Ilva come impiegato di quarta, e non di settima, categoria.

L'Ilva non rispetta l'accordo e quando Montanaro fa valere i propri diritti con un'azione legale, ecco che l'Ilva lo riassume, ma lo spedisce subito "per una decina di giorni" nella Laf.

Montanaro allora aveva 52 anni ed era conosciuto come un lavoratore di grande esperienza. «Se dovete retrocedermi, almeno datemi mansioni adeguate alla mia professionalità» dice. «Niente da fare» gli risponde Greco «se vuoi c'è posto soltanto alle pulizie civili e industriali». E così Montanaro si ritrova nel casermone Laf. Grandissimo, freddo, disadorno. Con le porte dalle maniglie rotte e le finestre senza vetri. I bagni insufficienti, piccoli, sporchi. Qualche tavolo sgangherato e pochissime sedie. E un solo telefono, al piano terra, ma abilitato soltanto a chiamare, non a ricevere. Fuori, la pattuglia dei vigilantes, che ringhia come un branco di dobermann se qualcuno dei settanta internati si azzarda a uscire fuori, anche solo per salutare il collega di un altro reparto. L'ordine è che i settanta entrino in orario, timbrino il cartellino, e si autosegreghino nella Laf, dove non devono fare nulla, ma solo "stare".

Ogni tanto va a trovarli Angelo Greco. Ha una stanza lì, proprio all'inizio dell'interminabile corridoio, in cui convoca uno alla volta, separatamente, i settanta ribelli. I colloqui si svolgono sempre a porte chiuse e tutte le volte Greco ha un atteggiamento arrogante, un po' da guappo un po' da dittatorello. I dipendenti invece affrontano "l'esame" ogni volta con ansia. La domanda di Greco è sempre la stessa: «Hai cambiato idea? Accetti la novazione del rapporto di lavoro che ti propone l'azienda?». La risposta è sempre negativa, ma ogni no fa aumentare il periodo di "quarantena" alla Laf.

L'Ilva non molla. Dopo tutto, è un'impresa d'acciaio. E poi, perché mai non dovrebbe avere ragione di questi settanta dipendenti, quando ha saputo convincere governi, politici, sindacalisti, operai? Vedrete, fa dire ai suoi "messaggeri" interni, prima o poi anche quelli della Laf cederanno. Faranno come quel tale (ne omettiamo il nome per non infierire) che dopo essere stato per ventidue anni rappresentante sindacale, sentito come testimone al processo, ha detto di aver smesso di fare il sindacalista perché ha capito che «questa funzione è antitetica rispetto agli scopi aziendali, che invece devono essere i soli a stare a cuore a un dipendente fedele». E infatti quel tale non è stato confinato nella Laf, ma ha conservato posto e qualifica.

Montanaro, al contrario, finisce nel lager Laf. A chiamarlo lager, per la prima volta, è il pm Franco Sebastio, che istruisce il processo e tiene la requisitoria.

«Quando siamo entrati là dentro» dirà Sebastio in dibattimento, raccontando il suo sopralluogo, «abbiamo avuto l'impressione di essere finiti in un girone dantesco... Perché una cosa è vedere questa palazzina in una videocassetta, un'altra percorrere questo corridoio lunghissimo con una serie di porte, ognuna delle quali immetteva in locali disadorni... E all'interno di ogni locale vedere una scrivania traballante e una sedia claudicante, e basta. E poi vedere questa gente che usciva da queste camere e ci veniva incontro... Non è stata una bella esperienza... Abbiamo visto esseri umani trattati come strumenti e non come fine. Abbiamo visto persone umiliate e la loro dignità calpestata. Questo è il danno peggiore che si può infliggere a un essere umano, perché il danno patrimoniale si può risarcire, le percosse e le lesioni si possono ripianare, ma il danno alla dignità, il danno agli aspetti più intimi della persona, quello non si potrà ripagare mai».

Gino Montanaro capisce subito cos'è un lager e quali comportamenti perversi provoca anche in chi ne è vittima. I settanta reclusi «vagavano come ebeti» da un'estremità all'altra della Laf e spesso bastava che due sguardi si incrociassero e senza motivo scoppiava un litigio. Con il passare dei giorni e delle settimane, la solidarietà reciproca era diventata diffidenza, intolleranza, rancore. Si litigava per niente, ci si isolava, si esplodeva in crisi di nervi imprevedibili. Le vittime cominciavano a mordersi tra loro come topi in gabbia e chi non aggrediva il prossimo, aggrediva se stesso.

Prima o poi, quasi tutti finiscono in crisi depressiva. La psichiatra Maria Lieti li visita, li ascolta. E li cura. Anche con gli psicofarmaci. La dottoressa Lieti si ritrova di fronte persone con disturbi del sonno, idee suicide, forte aggressività, violente crisi isteriche. Tutte diagnosi verificate e confermate anche dagli altri psichiatri che dopo la Lieti visitano i settanta della Laf. Tutte diagnosi concordi nell'individuare la causa: «Lo stress da non lavoro, altrettanto pericoloso come il super lavoro, secondo quanto sostenuto dall'Organizzazione mondiale della sanità e dalla Società americana di psichiatria». E quelli della Laf, dicono i medici, hanno subìto uno stress gravissimo, che causa una malattia dalla quale non ci si riprende mai del tutto, «perché lascia alla persona un danno permanente, un danno dal quale non si guarisce».

I racconti sono agghiaccianti. La palazzina Laf, dopo qualche settimana, è già un laboratorio in grado di produrre tutti gli effetti dell'alienazione umana. Gente che passeggia avanti e indietro contando i mattoni del pavimento o i buchi dei muri, gente che prende a calci le sedie o le scaraventa per terra, persone che fanno ginnastica o giocano a carte senza fermarsi mai, oppure che urlano a squarciagola tutti i pomeriggi alla stessa ora, o che camminano a testa bassa parlando da sole e ripetendo che loro sono lì per sbaglio e che usciranno presto. Ma c'è anche chi si arrampica su una gru e minaccia di spiccare il volo.

Succede a S., quando gli dicono di «valutare con attenzione» la proposta dell'azienda, poiché lui «ha una certa età, ha famiglia e se va via dall'Ilva non lo prendono più da nessuna parte». Glielo dicono i dirigenti dell'acciaieria più grande d'Europa, i diretti collaboratori di Emilio Riva, nonché suoi uomini di fiducia. Lo stesso Riva che della palazzina Laf – dall'ideazione all'esecuzione – sapeva tutto e che grazie a gente come quella che ha fatto rinchiudere nella Laf ha realizzato utili che alcuni anni dopo gli consentiranno di partecipare anche all'acquisto dell'Alitalia. Lo stesso Riva che interrogato dal pm risponde: «La possibilità di conversione da impiegati amministrativi a operai non mi appariva umiliante...». Lo stesso Riva che dichiarerà senza tentennamenti: «La destinazione degli impiegati che ritenevo in esubero venne assunta personalmente da me e comunicata all'ufficio personale». Lo stesso Riva che dopo l'ispezione e le pesanti censure della commissione Lavoro del Senato, presieduta da Carlo Smuraglia, scrive alla commissione che «per venire incontro agli appunti sollevati dalla commissione ho deciso di dare ai dipendenti la facoltà di rimanere a casa».

L'alternativa alla retrocessione, dunque, è il lager Laf. E l'alternativa al lager Laf è starsene a casa. Senza perdere il salario, *of course*. In entrambi i casi, dei parìa, degli intoccabili anche per i loro stessi colleghi in azienda. «Chissà che cosa devono aver fatto per essere finiti là dentro o per essere mandati a casa senza perdere lo stipendio», questo si diceva dei settanta inquilini della "palazzina".

Quando i deportati della Laf racconteranno queste cose al processo, lo faranno ognuno secondo le proprie emozioni. Giambattista De Padova piangerà silenziosamente. Vito Giaquinto farà un'analisi lucida e coerente. Nicola Caldaralo sfogherà la sua rabbia. Roberto Leone sfodererà tutta la dignità di chi non si è piegato. Cosima Altavilla quasi si scuserà d'essere lì, perché lei mai avrebbe immaginato «di poter fare causa a qualcuno». Francesco Perna racconterà con orgoglio di «non essersi cancellato» dal sindacato come voleva l'azienda e di aver continuato a fare attività politica all'esterno, come consigliere comunale, anche se aveva dovuto accettare l'*aut aut* dell'azienda perché la sua famiglia viveva solo di quel reddito e lui aveva tre figli da mantenere.

Il lager doveva servire alla decimazione di un certo numero di impiegati, scrivono i giudici.

I termini lager, decimazione, e tutti gli altri che evocano la spoliazione dei diritti umani, non sono miei, ma dei diversi magistrati che li hanno utilizzati negli atti dei vari gradi di giudizio. E così anche le espressioni «invenzione diabolica», riferita alla palazzina Laf, e «totale e fantozziana sottomissione», riferita ai dipendenti, appartengono ai magistrati che si sono occupati di questa storia.

Il procuratore Sebastio, durante il processo di primo grado, sottolinea «la malizia e la callidità» degli imputati, che quando vengono a sapere che alla Laf sta per arrivare un'ispezione dei magistrati danno ordine di pitturare i muri, aggiustare le plafoniere delle lampade, sistemare i bagni e addirittura esporre nel lunghissimo corridoio da incubo qualche bella pianta ornamentale. Mentre i dipendenti, quelli si può benissimo trattarli secondo il diritto romano, dice il procuratore, «come del tutto sottomessi al potere del padrone, e non come i soggetti di un rapporto di lavoro subordinato degli anni 2000, di una nazione democratica qual è l'Italia».

E tuttavia, la decimazione viene concepita ed eseguita secondo i grossolani criteri di ogni rastrellamento. I settanta vengono selezionati in base alle "mancanze" presenti o passate di cui, a giudizio della proprietà e della dirigenza, si sarebbero macchiati nei confronti dell'azienda. È interessante esaminarli uno per uno, questi casi di "sgradimento". Sono un «libro nero» della cultura del lavoro nel XXI secolo in un paese a democrazia avanzata che è membro del G8. Ma facciamo qualche nome.

Gino Montanaro. Si era reso colpevole di aver fatto causa all'azienda che non voleva riassumerlo, come invece doveva in base agli accordi con il governo. Suo figlio un giorno gli dice: «Lo vedi che non serve studiare... Basta vedere la fine che hai fatto tu».

Antonino La Bua. Aveva avuto il torto di usufruire dei permessi sindacali per motivi di studio per potersi laureare (e si è laureato).

Andrea Carnea. Non aveva lasciato il sindacato, come gli era stato “suggerito”.

Francesco Perna. Era attivista del Partito popolare e gli era stato “consigliato” di non fare più politica.

Anna Valenti. Aveva commesso un errore contabile. Rinchiusa nella Laf, il 21 luglio 1998 ha una crisi di pianto irrefrenabile, che si fermerà solo dopo alcuni giorni.

Giovanni Caramia era iscritto al sindacato e, fatto gravissimo, aveva partecipato a uno sciopero.

Emanuele Spataro aveva avuto contrasti con il capoturno per una discussione sulle condizioni di lavoro all’interno dell’Ilva.

Angelo Chiffi era iscritto al sindacato.

Cosimo Axo aveva subìto un infortunio sul lavoro.

Giambattista De Padova in seguito a un infortunio sul lavoro aveva dovuto assentarsi per molto tempo e al suo rientro venne mandato direttamente alla Laf, senza poter prendere nemmeno i propri effetti personali dalla scrivania. Sua figlia va via di casa e trova un lavoro precario per aiutare la famiglia.

Nicola Caldaralo faceva straordinari che non dovevano essere fatti perché bisognava attenersi al rigido orario di lavoro e in più aveva anche sbagliato un’operazione contabile. Racconterà al processo: «I miei figli non mi rispettavano più e con mia moglie stavo per divorziare».

Michele Lombardi aveva avuto una discussione con un suo superiore.

Filippo Colò Fagherazzi aveva avuto rapporti conflittuali con un suo superiore.

Roberto Leone era da sempre iscritto al sindacato ed era stato persino delegato sindacale.

Giorgio Coladonato era in causa con l'Ilva per una sanzione disciplinare comminatagli ingiustamente.

Augusto Intini aveva avuto un diverbio con un dirigente ed era stato assunto come categoria protetta perché poliomielitico.

Leonardo Mortato aveva avuto conflitti con un superiore.

Vito Giaquinto, avvocato dell'ufficio legale, non aveva seguito il "mite" consiglio di adattarsi all'orario di lavoro rigido e non flessibile.

Pietro Lomastro, ingegnere elettronico, non aveva seguito i consigli sul rigido orario di lavoro.

Giuseppe Melucci era iscritto al sindacato.

Concetta Fanizza aveva litigato con il responsabile di laboratorio per aver segnalato la presenza di rifiuti speciali nel laboratorio.

Antonio Giove era iscritto al sindacato, aderiva agli scioperi, non aveva accettato l'orario rigido e chiedeva permessi per motivi di studio.

Giuseppe Palma aveva una serie di procedimenti penali e civili contro l'Ilva e un suo dirigente, che gli aveva chiesto di fare la spia su alcuni colleghi di lavoro.

Luigi Graniglia era "colpevole" di aver fatto notare ai suoi superiori che una ditta dalla quale ci si riforniva veniva pagata di più rispetto alla quantità del materiale fornito.

Michele Fiore era dirigente sindacale.

Antonio Cantisani era stato incolpato di un errore contabile che non aveva commesso.

Il processo Laf non ha precedenti giurisprudenziali. Anche la dura requisitoria del pm contro l'Ilva è inusuale, basata non sui testi sacri dei padri del socialismo e del sindacalismo, ma su due encicliche papali: la *Rerum Novarum* di Leone XIII, del 1891, e la *Centesimus Annus* di Giovanni Paolo II, emanata appunto cento anni dopo.

Eppure il processo Laf non suscita alcuna "rivolta", né politico-sindacale e nemmeno morale. Nonostante la sentenza venga confermata anche in Cassazione. La gente non capisce di cosa si lamentino i reclusi della Laf, che cosa possano volere di più, visto che li pagano per non lavorare. E l'informazione, al solito, fa poco o nulla per far capire che cosa è successo a Taranto alla fine del XX secolo. Tonio Attino, giornalista di Taranto, scrive un appassionato commento sul *Corriere del Mezzogiorno*, in cui sostiene che «il Sud non dev'essere la terra in cui lo sviluppo passi per la colonizzazione e la crescita dell'economia sia il lasciapassare per demolire un sistema di norme che ancora esiste». Ma è una voce isolata. Prima dell'intervento della magistratura, anche i sindacati guardavano da un'altra parte. «Ci rivolgemmo ai sindacati» hanno raccontato molti protagonisti di questa storia incredibile, «ma avemmo la netta impressione che da parte loro ci fosse poco interesse, scarsa decisione, poca incisività».

L'atteggiamento, probabilmente, trova una spiegazione nel fatto che alla fine del 1999 – quando cioè la Laf era stata chiusa e l'inchiesta aperta – tutti i sindacati, nazionali e locali, sottoscrivono accordi con l'Ilva e avallano la "ristrutturazione". Ma nessuno di loro – lo notano anche i giudici, che respingono la costituzione di parte civile dei sindacati – fa il benché minimo cenno alla palazzina Laf. Ci sono da chiudere gli accordi e un lager può ben valere una messa.

QUEL REFERENDUM NON S'HA DA FARE

Dopo due anni di battaglie in carta bollata, un'altra associazione incassa un altro risultato storico. Il comitato Taranto Futura riesce a spuntarla davanti al Tar di Lecce, che a ottobre 2008 giudica ammissibile la proposta di tenere un referendum cittadino sull'Ilva. Gli elettori potranno scegliere tra due opzioni: chiusura totale dello stabilimento con la salvaguardia dei livelli occupazionali da impiegare in settori alternativi, oppure chiusura parziale, cioè della sola area di lavorazione a caldo, con lo smantellamento dei parchi minerali, le cui polveri si infiltrano nei pori dell'intera città. Finalmente si potrà conoscere cosa pensano i tarantini dell'acciaieria di Taranto. Si saprà se la vogliono oppure no. Illusi.

Il Comune di Taranto, come molti altri comuni italiani, prevede i referendum consultivi soltanto sulla carta. Negli statuti comunali l'istituto del referendum compare ed è anche elogiato, ma molto spesso non è "sorretto" dal regolamento esecutivo e quindi è come se non ci fosse. È una scatola vuota, un'auto che non può muoversi perché non ha il motore. Taranto Futura ha dovuto penare affinché il Comune, costretto dal Tar di Lecce, ponesse mano all'approvazione di un regolamento. Alla fine ci è riuscita, poiché assieme all'ammissibilità del referendum il Tar di Lecce ha ordinato al Comune di Taranto di approvare entro novanta giorni anche «il regolamento esecutivo per il referendum consultivo in temi di carattere ambientale». Attenzione.

Questi passaggi, che sembrano dettagli noiosi, e forse un po' lo sono, si rivelano essenziali quando si tratta di esercitare concretamente la "democrazia diretta", com'è la partecipazione alle scelte più importanti di una comunità, quelle che possono disegnarne il futuro e deciderne il destino.

Subito dopo la decisione del Tar, puntuale, l'Ilva torna ad agitare lo spettro della disoccupazione e della cassa integrazione, che sono sempre argomenti convincenti per chi ha bisogno del lavoro come dell'ossigeno. I promotori del referendum cercano di spiegare che è falso che, chiusa l'Ilva, cominci la fine del mondo e ripetono che anche questa eventualità deve salvaguardare una condizione essenziale, e cioè la tutela dell'occupazione. Anzi, dicono, il vero pericolo per l'occupazione è un altro. E cioè che l'Ilva chiuda lo stesso, alla fine del ciclo produttivo, perché è un impianto vecchio. Mentre per le bonifiche ci sarebbe da lavorare a lungo, perché dovranno riguardare anche il mare, con le sue decine di chilometri di fondali inquinati. «Per smantellare gli impianti e bonificare l'area ci vogliono 30-40 anni» dice il coordinatore di Taranto Futura, Nicola Russo, «con piena garanzia dell'occupazione, che il governo e la Comunità europea dovranno assicurare». A Genova, per esempio, proprio gli operai Ilva stanno bonificando l'area industriale dove, con ogni probabilità, sorgerà il più grande ospedale della Liguria, a cui è stato già dato il nome di "Ospedale di Ponente".

Tutto questo per Adriana Poli Bortone, ex Msi, ex An, ex ministro, ex sindaco di Lecce, è soltanto «utopia e spreco di denaro». Una dichiarazione forte, che però nessuno ha preso sul serio. Soprattutto dopo che la Poli Bortone ha firmato, insieme con Marcello Dell'Utri e un'altra ventina di "scienziati", tutti parlamentari del Pdl, un documento che nega l'effetto serra, nega le conseguenze nefaste dell'inquinamento sul clima e nega Kyoto. Insomma, un documento negazionista, che forte dell'autorevolezza dei firmatari si spinge addirittura a chiedere «una complessiva, nuova riscrittura del protocollo di Kyoto».

Ma torniamo ai giudici amministrativi. Quando impongono al comune di Taranto di adottare il regolamento, il Comune esegue. Ma in che modo? Con una serie di irregolarità e restrizioni che costringono Taranto Futura a presentare un altro ricorso al Tar, questa volta contro il nuovo regolamento esecutivo, approvato il 6 febbraio 2009. Un regolamento concepito come una micidiale tagliola per il concreto svolgimento del referendum. Oltre a una serie di preclusioni ed esclusioni, il nuovo regolamento stabilisce che il referendum non si può fare «nell'anno in cui si svolgono le elezioni amministrative, o in concomitanza di elezioni politiche, nazionali o europee o di referendum di carattere nazionale o regionale». Mancano soltanto le elezioni di condominio per raggiungere la matematica certezza che il referendum non si debba fare mai.

Non è finita. Dice sempre il nuovo regolamento, così faticosamente conquistato, che il consiglio comunale può "discostarsi" dal risultato del referendum. Insomma, se al consiglio comunale, che rappresenta i cittadini, il risultato non dovesse piacere, benché espressione diretta della volontà dei cittadini stessi, i consiglieri possono orientarsi in maniera diversa.

Che dire? È il trionfo della democrazia e della certezza delle regole. Tutto, purché il popolo bue resti felicemente così, con il muso nella mangiatoia.

FATTA LA LEGGE, TROVATO L'INGANNO

La questione era chiara. Ridurre il limite di emissione della diossina almeno a 0,4 nanogrammi per metro cubo, come vogliono le norme europee. Non a 0,1 – come fa la Germania, e come si fa per gli inceneritori, cosa che sarebbe auspicabile e necessaria –, ma a 0,4.

La questione non è mai stata difficile. Il Friuli-Venezia Giulia, per esempio, l'ha risolta con un semplice decreto. Per la precisione, un decreto emesso dal direttore del Servizio di tutela dall'inquinamento atmosferico, acustico e ambientale, che è una sezione della Direzione regionale ambiente e lavori pubblici.

La norma europea è del 2004 e il Friuli-Venezia Giulia si è adeguato già nel 2005. Il decreto ha previsto anche l'obbligo di monitoraggi mensili per il primo triennio e stabilisce che in caso di superamento del limite «l'impianto dovrà essere immediatamente fermato». Stop. Basta. Fine. Poche chiacchiere e niente ghirigori pseudogiuridici.

In Friuli Venezia-Giulia, a Servola, provincia di Trieste, ci sono le acciaierie Lucchini. Non è che la norma regionale abbia immediatamente assicurato il paradiso a quelle popolazioni, però ha fissato un principio, ha dettato una regola, ha previsto delle sanzioni e oggi fa sentire più tutelata la gente, la sua salute, il suo ambiente.

Si è detto che questa sollecitudine del Friuli-Venezia Giulia sia stata anche il frutto delle pressioni "asburgiche" esercitate dalle vicine Slovenia e Austria, a tutela delle proprie produzioni lattiero-casearie. Può darsi. Ciò che conta è che per le emissioni di diossina in Friuli-Venezia Giulia, ci si è adeguati ai limiti europei.

In Puglia, invece, forse perché al di là del mare c'è "soltanto" l'Albania, queste "pressioni estere" non ci sono mai state. E così per lungo tempo tutti hanno potuto giocare a scaricabarile, fingendo di non sapere qual era la strada giusta da intraprendere, ma dando a vedere di volerla cercare e di volerla trovare a tutti i costi.

Raffaele Fitto e Nichi Vendola, gli ultimi due presidenti della giunta regionale pugliese, sull'inquinamento, e sull'Ilva e il polo industriale, hanno prodotto atti d'intesa, protocolli, cronoprogrammi di intervento e lettere aperte in serie, ma non sono mai andati al cuore del problema. Hanno sempre giocato a considerare la questione dell'inquinamento di Taranto come una questione ambientale. E quindi una materia sulla quale la competenza a legiferare non era della Regione, ma dello Stato. Invece, banale uovo di Colombo, sarebbe bastato cambiare il presupposto, e cioè mettere al primo posto la tutela della salute, affinché la questione da ambientale diventasse sanitaria e fosse trattata come di piena competenza della Regione. Su questo punto, non sono bastati i plotoni di azzeccagarbugli, reclutati anche a pagamento, a illuminare l'azione di governo e di opposizione delle forze politiche e sindacali, e a volte anche delle stesse associazioni, spesso "depistate" da consulenze acrobatiche e pareri strampalati.

Destra e sinistra, poi, hanno sempre rifiutato o eluso il confronto scientifico pubblico con le associazioni, molto più attive e preparate di funzionari e politici, che nella migliore delle ipotesi mostravano di essere distratti e ignoranti. Un confronto pubblico aperto, magari ripreso da una videocamera e diffuso su Internet, è sempre un confronto "senza rete", e quindi rischia di risultare compromettente per chi non sa, per chi si barcamena, o per chi bara.

L'ultima volta è accaduto all'ingegnere Biagio De Marzo, uno che l'acciaieria la conosce bene perché ci ha trascorso la vita e che oggi è sul fronte delle associazioni che difendono Taranto. Il 9 ottobre del 2007, De Marzo è stato letteralmente cacciato via, insieme con gli ambientalisti e i giornalisti, dall'assessore regionale all'Ambiente, Michele Losappio, dalla prefettura di Taranto, dove si teneva un incontro sull'acciaieria. E questo solo perché De Marzo contestava la decisione di tenere a porte chiuse gli incontri sull'Ilva. Losappio, che tra l'altro in quell'occasione ha dimostrato di non conoscere nemmeno le nozioni basilari degli argomenti in discussione, si è persino lasciato andare a una raffica di contumelie nei confronti di Patrizio Mazza, l'ematologo che ha scoperto il caso del bambino "fumatore incallito", definendolo "terrorista" e "mediconzolo da strapazzo". La volgare arroganza dell'assessore ha causato la reazione di De Marzo, che pubblicamente gliene ha chiesto spiegazione. Per tutta risposta, Losappio ha preteso che anche De Marzo fosse cacciato via. Mentre Vendola prendeva tempo e non trovava di meglio che indirizzare "lettere aperte" ai capi del governo, prima a Romano Prodi e poi a Silvio Berlusconi, per dichiarare tutto il suo dolore per la povera città di Taranto, per la quale lui, sebbene "governatore" della Puglia, poteva fare ben poco.

Invece no. Vendola poteva fare tutto. Per esempio, poteva mettere al primo posto in agenda l'approvazione di una legge regionale, che invece verrà approvata, come vedremo, solo a dicembre del 2008. Quando ormai, esploso il caso della diossina e divulgati i dati Ines sulle emissioni industriali di Taranto, non sarà più possibile traccheggiare senza perdere il consenso elettorale guadagnato anche grazie ai temi ambientali.

Fino al giorno prima, proprio Vendola si era lasciato andare a dichiarazioni come questa: «Senza l'acciaio non si va da nessuna parte. Non si può mica pensare di vivere solo di pizzica e di taranta». Ora, a parte il fatto che quanto a pizzica e a taranta lui è stato tra i pochi ospiti fissi delle principali kermesse, sempre in prima fila e sul palco a incassare applausi e consensi, nessuno ha mai sostenuto l'abrogazione dell'Ilva e dell'acciaio. Ma solo l'adeguamento alle norme europee in tema di emissioni nocive e cancerogene. Adottando le migliori tecnologie disponibili. E spendendo, per queste tecnologie, ciò che c'è da spendere. Nemmeno tanto, rispetto agli utili realizzati dall'Ilva. Secondo alcuni calcoli, per installare i "filtri a manica", che abbatterebbero in un colpo solo polveri, diossina e le altre sostanze cancerogene e persino quelle radioattive, sarebbe sufficiente il 5 per cento degli utili per due anni, cioè un impegno di spesa di nemmeno 100 milioni di euro. Ma poi, fossero anche il doppio, il triplo, la metà o i tre quarti degli utili? Quanto valgono le vite umane falciate dalla diossina e dagli altri killer chimici? Quanto vale una sola vita umana, di chi lavora in fabbrica e di chi non ci lavora, ma ci abita vicino, e la deve respirare e subire?

Fino a quando non è esploso il caso diossina e fino a quando Taranto non ha scoperto di essere la città più inquinata d'Europa, la regola aurea è stata quella del silenzio. Il ministro Prestigiacomo, mentre su Taranto faceva la bella statuina, in sede europea era tra i più accaniti sostenitori di concedere la possibilità alle industrie di non rispettare i limiti di Kyoto. E quando l'Arpa Puglia, sebbene strattonata per la giacca dalle associazioni, finalmente fa ciò che deve, ecco che subisce ingiustamente i fulmini del ministro. Ma Stefania Prestigiacomo non si ferma all'Arpa. Già che c'è si interessa personalmente anche alle nomine della commissione Ippc (*Integrated pollution prevention and control*). La commissione è l'organo che prepara l'istruttoria tecnica per il rilascio dell'indispensabile Autorizzazione integrata ambientale alle maggiori aziende italiane, circa duecento. La legge prevede che le aziende a cui non viene rilasciata l'Aia non siano autorizzate a produrre. E allora il ministro che fa? Nomina gente "sicura", le cui doti di competenza, correttezza, irreprensibilità, però, ancora adesso nessuno ha capito quali siano. Tra i "nominati" ne spuntano anche alcuni con qualche serio problemino con la giustizia, come Bonaventura Lamacchia, imputato di false fatturazioni, ricettazione, falso in bilancio, falso ideologico, evasione fiscale. Sono sempre le solite associazioni, mica la "opposizione", ad accorgersene, e protestano con una formale lettera inviata al ministro. Il quale sospende dall'incarico il signor Bonaventura «nelle more della definizione di accertamenti amministrativi». Di sicuro, Stefania Prestigiacomo, appartenente a una famiglia di imprenditori siciliani, agisce così perché si immedesima in certi problemi e vuole scongiurare qualunque rischio per l'economia nazionale.

La stessa preoccupazione che in Puglia consiglia il silenzio a Vendola e al suo assessore alla Trasparenza, Guglielmo Minervini (e meno male che si tratta di un assessorato alla Trasparenza e non alla Segretezza), che non degnano di risposta le ripetute mail delle associazioni, che chiedono di pubblicare in rete le prime, vere analisi su diossine e pcb contenute negli alimenti.

Si tratta di settantadue analisi eseguite a Taranto dal 2002 al 2007 nell'ambito del "Piano Nazionale per la ricerca dei Residui". A Roma, al ministero, questi documenti non c'erano. Il capo della Direzione generale sulla sicurezza degli alimenti e della nutrizione, Silvio Borrello, ha sempre detto di non aver mai ricevuto quei rapporti di prova. «Li ha la Regione Puglia» ha dichiarato Borrello.

Dalla Regione, però, mai nessuna risposta. Eppure, si tratta di rapporti di prova importanti, che dovevano essere resi pubblici, uno per uno, alimento per alimento, poiché contengono le misurazioni di tutte le diossine e i pcb e le metodiche con cui le analisi stesse sono state svolte in laboratorio. I rapporti di prova sono i "certificati" delle analisi da cui risulta con precisione la quantità di diossine e pcb.

Invece, anche quando era ormai chiaro come stavano davvero le cose, anche dopo aver scoperto che tra il 2002 e il 2007 la situazione non era "sotto controllo" come si voleva far credere, si è continuano a giocare con le cifre. Per mesi ci si è nascosti dietro a un vero e proprio balletto di cifre, in cui la diossina, per citare solo una delle sostanze più pericolose, veniva presentata come una sostanza massicciamente presente, d'accordo, ma "oscillante" addirittura tra i 2 e i 7 nanogrammi per metro cubo, a seconda che si aggiungesse urea per abbatterne la quantità, o che si effettuassero misurazioni nei momenti in cui il ritmo della produzione era stato rallentato. O a seconda dei soliti ultimatum dell'Ilva, che se, per esempio, dichiarava di non poter scendere sotto i 3,5 nanogrammi (una enormità, rispetto al limite europeo di 0,4) voleva dire: attenti a ciò che fate perché metto subito in cassa integrazione alcune migliaia di operai.

Le ventiquattro associazioni di Taranto, anche di fronte al muro di gomma della giunta, del consiglio e dei funzionari regionali, non si perdono d'animo e appena possono insistono. Lo fanno ancora una volta grazie alla rete, in occasione di un forum dell'agenzia di stampa Ansa, al quale partecipano riproponendo, e quindi rendendole pubbliche, tutte le domande rimaste senza risposta. Non solo quelle sulle analisi sparite, ma anche altre, dirette proprio a lui, al governatore pugliese "addolorato" e tuttavia reticente.

A Vendola viene chiesto: a) se ritiene che qualcuno abbia responsabilità per i controlli del passato; b) se ha mai avviato un'indagine interna; c) se il dirigente regionale del settore Ecologia, Luca Limongelli (un pluriindagato per vicende legate alla sua funzione e promosso da Vendola), gli ha segnalato (e quando, con quali atti) la questione diossina; d) se intende elaborare una legge regionale che abbassi i limiti della diossina, con quali valori limite ed entro quali scadenze; e) se conosceva l'emergenza diossina a Taranto prima che diventasse governatore; f) per quali motivi nella sua esperienza di governatore ha avuto rapporti "non facili" con alcuni movimenti che hanno promosso le mobilitazioni ambientali a Taranto; g) se ritiene di aver promosso un sufficiente ascolto della società civile tarantina.

È a partire da qui, da queste domande stringenti e dall'assoluto disinteresse di coloro che le ponevano, che è nata e si è fatta strada l'urgenza di approvare una legge regionale, come in Friuli, sui limiti della diossina.

Lo capisco e ne ho la prova in diretta durante un incontro tra giunta comunale e associazioni, al quale riesco a partecipare, da vero e proprio "infiltrato", grazie alla sponda offertami dai fratelli Vincenzo e Vittorio Fornaro, quelli a cui hanno massacrato l'intero allevamento. I Fornaro, come gli altri sei allevatori colpiti dal decreto di abbattimento degli animali, sono stati invitati a dire la loro e vorrebbero che ci sia anch'io. Mi sembra una buona idea e vado in municipio con loro.

È un mite pomeriggio di ottobre, c'è il sole e la riunione si svolge con le finestre aperte, che danno sul mare. Il clima è rilassato e per nulla conflittuale anche all'interno, nel salone di rappresentanza, dove siamo una ventina di persone, compresi il sindaco di Taranto, Ippazio Stefàno, il vicesindaco Cervellera e l'assessore all'Ambiente, Romeo.

A parte i fratelli Fornaro e Alessandro Marescotti, di Peacelink, gli altri non mi conoscono. Ascolto a lungo. E apprendo cose molte interessanti, tutte ben documentate. Per esempio, che le misurazioni delle emissioni nocive fatte dall'Arpa nello stabilimento Ilva danno ogni volta valori variabili perché l'Ilva sa sempre quando arriveranno i tecnici dell'Arpa e modifica le modalità produttive, i volumi, insomma riesce a scendere a valori molto bassi. Non certo sotto i limiti europei di 0,4 nanogrammi, se si tratta di diossina, ma ben più bassi dei 7 nanogrammi emessi quando la produzione è a pieno regime.

Un altro fatto sorprendente, e non contestato da nessuno dei presenti, riguarda le famigerate polveri dei parchi minerali. Non sono mai state misurate. La proposta, elementare ma efficace, di misurarle in presenza dei cittadini viene accolta subito. Tutti quelli attorno al grande tavolo si guardano l'un l'altro quasi stupiti, e sembrano chiedersi come abbiano potuto non pensarci prima.

«D'ora in avanti occorrerà avere sempre il polso della situazione» dicono tutti. Già, ma come? Prima di tutto, attraverso la pubblicazione online degli inquinanti industriali, «perché non è possibile sapere quanto inquina la nostra automobile e non conoscere nulla dell'inquinamento provocato dall'area industriale». E poi ottenere nell'area perimetrale della città una "serie storica", come hanno fatto a Genova. È vero che lì, a Cornigliano, con la dismissione dell'area a caldo dell'Ilva le emissioni sono state abbattute dell'80 per cento. Ma è anche vero che Genova ha potuto condurre un'efficacissima battaglia contro l'inquinamento anche perché il Comune e la Provincia avevano una serie storica di centinaia e centinaia di rilevazioni del benzoapirene.

Ma l'argomento più importante di cui si discute è come fare a portare Taranto in Europa. Come obbligare l'Ilva a rispettare i limiti europei di emissione sulla diossina. Su questo, la convinzione comune è che non si possa fare granché senza una legge dello Stato, anche perché questa è materia "ambientale" e la Regione non potrebbe legiferare efficacemente.

È in questo momento che prendo la parola e dico che non è così. Che non è l'ambiente, ma la salute il punto su cui far leva. Che il Friuli-Venezia Giulia ha centrato l'obiettivo addirittura con un decreto di un funzionario regionale. E insomma, che se la Regione legiferasse «in nome della salute», anziché "soltanto" dell'ambiente, nessuno potrebbe intralciarla.

Anche adesso gli sguardi sono di stupore, come poco prima. Qualcuno dice di no, che non si può. Con qualcun altro facciamo addirittura una scommessa, 10 euro contro alcune migliaia (il mio stipendio). Il sindaco Stefàno allora si ricorda di una deliberazione del consiglio comunale di Taranto. È un «atto di indirizzo» del 14 novembre 2007 (2007, ricordiamoci la data, cioè due anni dopo l'esplosione dello "scandalo diossina" e un anno prima del caso "pecore contaminate") con cui si chiedeva alla Regione e al governo nazionale proprio questo: approvare una legge. «Attivarsi» dice la deliberazione «per applicare a Taranto gli stessi limiti e modalità di rilevazione delle diossine così come previsti dal Friuli-Venezia Giulia».

Non si esprimeva, il Comune, su cosa e come farla, la legge, ma chiedeva di farla. Doveva poi essere la Regione a decidere "se" farla e se impostarla sulla tutela della salute prima che sulla tutela dell'ambiente.

Tiriamo fuori la deliberazione e la leggiamo. Tutta. Alla fine, un paio di righe strane. Il consigliere comunale Francesco Paolo Voccoli propone un emendamento con cui chiede di eliminare le parole «… alla Regione Puglia…». La richiesta di una legge sui limiti di emissione della diossina, insomma, secondo Voccoli, non andrebbe rivolta alla Regione, ma soltanto al governo nazionale. Davvero strano. Perché Voccoli sente di dover fare questa precisazione e chiede di farla trascrivere nell'atto? Non sarà che il Voccoli si muove in questo modo perché è dello stesso partito di Vendola e cerca di trarre d'impaccio il suo compagno-governatore svuotando la deliberazione comunale con un piccolo e apparentemente innocuo emendamento? Sarà anche un cattivo pensiero, ma è ovvio che se quell'emendamento fosse passato, la prima obiezione sarebbe stata la seguente: se Taranto, che ne è la principale vittima, chiede al governo e non alla Regione una legge sulla diossina, non si vede perché a fare la legge dovrebbe essere la Regione e non il governo...

L'emendamento per fortuna non passò e in quel mite pomeriggio di ottobre del 2008, durante quella riunione ricca di discorsi e di scommesse, fu possibile mettere a fuoco tante cose. Passate e future. Tra quelle future, una su tutte: qualora si fosse riusciti a ottenere una legge regionale (a questo punto ne sembravano tutti convinti, eccetto la rappresentante di Legambiente), essa avrebbe dovuto contenere una previsione "irrinunciabile": il campionamento in continuo. In altre parole, qualsiasi legge non sarebbe servita a nulla se non avesse stabilito la misurazione "in continuo", e dunque anche durante la notte, delle emissioni di diossina.

Secondo voi, come sono andate poi le cose?

Sono andate così. La Regione Puglia, ormai messa all'angolo, il 19 dicembre 2008 ha dovuto approvare una legge regionale. Questa legge prevede il limite europeo di 0,4 nanogrammi per metro cubo a partire dal 31 dicembre 2010 e l'abbattimento delle emissioni a 2,5 nanogrammi a partire dal 1° aprile 2009.

Ma è più corretto dire che questa legge "prevedeva" questi obiettivi. In realtà, non si fa in tempo ad approvarla che già a febbraio 2009, a Palazzo Chigi, Ilva, governo e Regione Puglia firmano un protocollo d'intesa (l'ennesimo) per "ritoccare" la legge appena approvata. In pratica, il protocollo impegna la Regione Puglia a modificare, entro il 31 marzo 2009, la legge sui limiti di diossina. E senza alcun ritardo burocratico, senza alcun intoppo politico, con una capacità decisionale questa sì da paese europeo avanzato, la Regione Puglia esegue. E fa una cosa per la quale passerà agli annali. Emana un atto, in sostanza un'altra legge, di «interpretazione autentica» della precedente legge. La Regione cioè "interpreta" con una nuova legge la legge che lei stessa ha scritto e approvato tre mesi prima. I bizantini, a confronto, sarebbero dei dilettanti.

Ma "come" cambia la legge, tre mesi prima sbandierata come una conquista, una novità, un esempio, una nuova frontiera eccetera? Nella maniera più "italiana" possibile. Svuotandola di contenuto, ma dando a vedere che tutto è rimasto tale e quale.

È vero infatti che resta il limite europeo di 0,4 a partire dal 31 dicembre 2010 (e ci mancherebbe). Ma è anche vero che l'abbattimento a 2,5 nanogrammi slitta dal 1° aprile al 30 giugno 2009 (salvo ulteriori "emergenze"). E che, soprattutto, i controlli non saranno "in continuo", ma svolti in tre fasi ogni anno. A settimane alterne. E solo per le otto ore diurne. Arrivederci, Taranto. Ti hanno violata, spremuto e infine ingannata. La "irrinunciabilità" del campionamento continuo, unanimemente riconosciuto come l'unico strumento per tenere sotto controllo le emissioni di diossina e salvaguardare la salute dei tarantini, è stato triturato dalla gragnola di postille sui controlli da fare un giorno sì e un giorno no, una settimana sì e una no, la mattina sì ma la notte no. Ridicolo. Tragico. Ridicolo e tragico. Incredibile.

Ma non è finita. Fatta la legge, e poi la legge della legge, c'è ancora un inganno da spiegare. Riguarda la misurazione dell'ossigeno nei fumi dell'impianto di agglomerazione. La clausola è oscura, ma non al punto da non poterne comprendere la perfida finalità. In sostanza, se i fumi dell'ordinaria combustione venissero diluiti aggiungendo aria, risulterebbe una maggiore percentuale di ossigeno, che falserebbe i valori della diossina riscontrati. E questo è proprio ciò che consente di fare la procedura concordata nell'ultimo protocollo di Palazzo Chigi, al termine di una storia che conta una quantità di protocolli più numerosi e più falsi dei Protocolli di Sion.

L'informazione, naturalmente, latita anche questa volta. Nessuno spiega nulla. La "grande stampa" e il duopolio televisivo men che meno. La voce isolata, questa volta, è di Michele Tursi, che sul *Corriere del Giorno,* quotidiano di Taranto, scrive: "C'era una volta la legge regionale antidiossina... La storia si ripete... Nel 2001 toccò all'allora presidente Fitto istituire un tavolo istituzionale da cui sono nati quattro atti d'intesa che poco o nulla hanno inciso sull'abbattimento delle sostanze inquinanti. Oggi scende in campo il governo per stoppare Vendola, il quale ingoia un boccone amaro. Lo immaginiamo stoicamente impegnato a bere la cicuta».

I BAMBINI DI CHERNOBYL

Il 26 aprile del 1986 il reattore numero 4 della centrale nucleare di Chernobyl, Ucraina, al confine con la Bielorussia, esplose. La nube radioattiva contaminò una parte dell'Europa e dell'Asia. Il bilancio dell'incidente di Chernobyl è ancora provvisorio. Duecentomila persone sono morte e tre milioni e duecentomila risultano in qualche modo colpite dagli effetti dell'esplosione. Un terzo di queste persone sono bambini. Molti di loro –

in Ucraina, duemila ogni anno – si ammalano di leucemia. Le famiglie dei bimbi ucraini e bielorussi malati di cancro sono povere e non riescono a pagare le cure necessarie ai propri figli. La sola possibilità per poterli curare è quella di mandarli all'estero, in altri paesi europei, dove grazie all'impegno delle associazioni umanitarie e alla sensibilità di altre famiglie quei bambini possono trovare un ambiente ospitale, confortevole e naturalmente "non contaminato".

In questi anni molti "bambini di Chernobyl" sono venuti in Italia. E molti sono venuti anche a Taranto, ospiti di famiglie tarantine, che hanno trattato questi bambini come figli. Certo, dell'inquinamento di Taranto si sapeva anche negli anni passati, ma come abbiamo visto ciò che si sapeva era ancora troppo generico. In alcuni casi mancavano dati e analisi certi e in altri casi questi dati c'erano, ma venivano tenuti chiusi nei cassetti. Altre volte, invece, c'erano i dati e c'erano i cassetti aperti, però mancava l'informazione, e dunque era come se non ci fosse nulla.

Lo avessero saputo a Chernobyl, che Taranto era la città più inquinata d'Europa, non vi avrebbero mandato i loro bambini. Ma non lo sapevano nemmeno a Taranto. E così Mariangela Turco e i volontari dell'associazione Soyuz, per esempio, hanno continuato nella loro opera di ospitalità e assistenza con lo spirito di sempre. Potevano immaginare che invitare i bambini di Chernobyl a Taranto «per respirare una boccata d'aria buona» un giorno sarebbe suonato grottesco? E infatti oggi a Taranto non vengono più bambini ucraini e bielorussi, perché farebbe pena e farebbe ridere motivare le deliberazioni di enti pubblici o privati che finanziano ospitalità e cure con la rassicurazione che a Taranto quei bambini leucemici avrebbero la possibilità di mangiare e bere sano, «riducendo sensibilmente i valori di contaminazione del loro organismo», poiché un mese di soggiorno in ambienti non contaminati «consente l'abbattimento fino al 50 per cento dei valori di cesio assorbito, riducendo la possibilità dell'insorgenza di forme tumorali».

Quando la reale situazione ambientale di Taranto è diventata nota, anche dall'Ucraina hanno detto basta ai viaggi di soggiorno e cura dei loro bambini. Ma c'è chi ha fatto di più. Su Internet, un misterioso blogger denominatosi Skanderbeg (come l'eroe popolare albanese del XV secolo, che aveva respinto l'avanzata degli Ottomani anche dopo la caduta definitiva di Costantinopoli) costruisce una notizia falsa che fa il giro del mondo e viene considerata vera, se non altro perché molto verosimile.

Dice Skanderbeg che Chernobyl, su iniziativa del suo sindaco, ha deciso di ospitare duecento bambini di Taranto, le cui famiglie hanno già aderito al progetto, poiché «non vuole restare indifferente di fronte al disagio della popolazione di una delle aree più inquinate del mondo».

La "bufala" è ben confezionata e resiste parecchio come vera "corrispondenza" giornalistica da Kiev. Vale la pena riportarne qualche passo. «L'iniziativa di accoglienza dei duecento bambini di Taranto» continua il blogger Skanderbeg «è ben sostenuta dalle autorità ucraine, in stretto contatto con quelle pugliesi. L'oncologo Vassily Karkov, che collabora con l'associazione *Un ponte per Taranto,* ci ha spiegato: "I bambini tarantini vivono in una zona fortemente contaminata. Sottrarli, sia pure per tre mesi, a un ambiente dannoso per la loro salute può contribuire a migliorarne le condizioni e anche l'umore. Noi crediamo che l'aria di Chernobyl, il sole dell'inverno ucraino e un'alimentazione più sana, centrata sulla frutta e sulla verdura coltivate nelle nostre campagne, possano migliorare le difese immunitarie di questi bambini riducendo i rischi di contrarre malattie derivanti dall'inquinamento. L'accoglienza temporanea dei bambini di Taranto è quindi utile, ma da sola non basta. Oltre alla sfortuna della contaminazione, sappiamo che questi bimbi devono confrontarsi con istituzioni ancora molto arretrate. In Italia le politiche ambientali sono lacunose, in ritardo rispetto a paesi più sviluppati. L'avidità criminale di imprenditori senza scrupoli non conosce limiti e subordina la salute al profitto. L'ignavia o la malafede dei politici fa il resto».

Questa "notizia" è stata considerata vera per tanto tempo non soltanto perché non si discosta poi molto dalla realtà, ma anche perché un paio di anni prima, nell'estate del 2006, ai bambini di Chernobyl ospitati in Italia era accaduta una cosa incredibile, che sembra, questa sì, una "bufala". E che invece è maledettamente vera.

Il 27 agosto 2006, nella sede della Società Operaia di Martina Franca, in provincia di Taranto, quattordici bambini bielorussi, ospiti di altrettante famiglie di quella città, stavano cantando "Viva la gente", una canzone popolare del loro paese. Insomma, le famiglie "adottive" avevano organizzato una festa di saluto per quei bambini che avevano ospitato per un mese e che forse non avrebbero più rivisto.

Cinquanta o sessanta persone, un pc portatile collegato a un amplificatore per diffondere la base musicale e questi quattordici piccoli "cosacchi" felici, tra i sette e i dodici anni, vestiti con “abiti di scena” di carta igienica e piatti di plastica, che cantano con impegno e solennnità. In bielorusso.

Ma ecco che all’improvviso arriva un signore, un italiano di Martina Franca, che si chiama Francesco Disanto, è titolare del locale ufficio Siae, la Società italiana autori ed editori, e naturalmente non conosce una parola di bielorusso. Sì, avete già capito. Il tizio multa i bambini di Chernobyl: 205 euro in base all’articolo 17 della legge 633 del 1941 sulla tutela del diritto d’autore, per «esecuzione di opera di ingegno senza preventiva autorizzazione dell’autore». Con tanto di specificazione nel verbale che la multa è stata comminata in occasione di «manifestazione per bambini “Progetto accoglienza di Chernobyl” con esecuzioni musicali».

Quando l’hanno saputo in Ucraina, hanno capito che la Legge, in Italia, è una cosa seria. E soprattutto che è davvero uguale per tutti.

SITOGRAFIA

Ecco i siti più attivi e documentati sulle questioni trattate:

Comitato per Taranto:
http://comitatopertaranto.blogspot.com

Taranto Sociale:
www.tarantosociale.org

PeaceLink:
www.peacelink.it

Tarantopedia:
http://taranto.redazione.org

TarantoViva:
www.tarantoviva.it

Legambiente circolo di Taranto:
http://www.legambientetaranto.eu/